구원 · 제자 · 사명

역경을 딛고 사명자로 거듭난 한태수 목사의 신앙과 섬김 이야기

구원 · 제자 · 사명

한태수 지음

국제제자훈련원

추천사

한태수 목사님은 생명의 말씀으로 양 떼를 먹이기에 진액을 쏟으며, 역동적으로 삶의 변화를 체험하는 제자 공동체를 세우는 일에 남다른 열정으로 헌신하는 분입니다. 한 목사님의 가슴에는 성령의 불을 뜨겁게 사모하는 거룩한 갈망이 있습니다. 개척 교회부터 시작해 다양한 목회 현장에서 제자훈련의 사역적 열매를 보여주고 계신 한태수 목사님은 가슴이 복음으로 불타는 주님의 제자야말로 부흥을 불같이 일으킬 성령의 도구가 될 수 있음을 강력하게 도전합니다.

불은 숨길 수 없는 빛이요, 범할 수 없는 위력이며, 막을 수 없는 열기입니다. 성령의 불을 경험한 제자는 세상의 빛으로 살며, 성령의 불로 연단된 제자는 세상이 감당할 수 없고, 성령으로 불타는 교회는 막을 수 없는 영향력으로 세상을 변화시킵니다. 바라기는 이 책을 통해 식어진 가슴들이 하나님의 사랑에 점화되어 불꽃같이 타오르는 제자들로 힘있게 세워지길 기대합니다.

_ 오정현(사랑의교회 담임목사)

　오늘날 예수님을 믿는 사람들은 많지만 예수님을 닮고 예수님처럼 사는 제자들은 많지 않다는 말이 들려옵니다. 제자에게 가장 중요한 것은 스승의 가르침을 지키고, 가르침대로 살아가는 것입니다. 그렇기 때문에 우리들은 예수님의 제자로서 스승 되신 예수님만 바라보며 따라가야 합니다.

　이 책은 한태수 목사님의 목회 사역 속에서 체험한 예수님의 가르침과 은혜의 감격을 전해주고 있습니다. 저자의 열정과 감격이 독자들에게 전달되어 순교자적 영성을 가진 주님의 충성된 제자들로 변화되기를 바랍니다. 또한 이 책을 읽는 모든 분들의 영성과 제자훈련에 소중한 불꽃이 되어, 예수님의 제자로서 고난의 십자가를 지고 주님을 따르는 여러분들이 되기를 기원합니다.

_ 이영훈(여의도순복음교회 담임목사)

머리말

 가슴이 식어지고 불이 꺼지면 끝장이다. 불이 없이는 비행기도 뜰 수 없고 중기기관차도 움직이지 않는다. 인공위성도 발사될 수 없다. 사람의 마음속에도 열정이 식으면 껍데기만 남는다.
 아프리카 동부 케냐 탄자니아 지역을 가다보면 마사이 족을 만나게 된다. 마사이 족은 짐승의 똥으로 집을 짓고 양과 염소를 치며 사는 족속이다. 붉은 옷을 입고 키는 큰 편이다. 저들은 사자를 잡아 입을 찢기도 하는 등 매우 호전적인 족속이다. 그러나 그곳에서 인상적으로 보았던 것은 따로 있다. 바로 불붙이는 장면이다. 저들은 나무 널판에 조그만 홈을 파고 아주 딱딱한 막대기로 장정 세 명이 비벼 댄다. 힘들게 비벼 대면 불씨가 일어난다. 그 불씨를 마른 잎이나 마른 코끼리 똥 등에 옮겨 붙여 각 집으로 옮겨 놓는다. 이 장면을 바라보는 순간 "아! 바로 이것이 교회구나" 하는 생각이 들었다. 불이 있어야 짐승을 구워 먹을 수도 있고, 밤에는 난방 역할로 사용할 수도 있다. 불의 연기가 있어야 모기가 들어오는 것을 막을 수 있다. 그리고 위험을 막아 준다. 그 지역

주변에는 맹수들이 많다. 불 꺼진 곳에는 맹수들이 침범해 어린아이 같은 경우는 순식간에 해치운다는 얘기를 들었다. 순간 소름이 끼치는 전율을 느꼈다. 불이 꺼지면 끝장이구나!

교회와 성도들도 마찬가지이다. 기도의 불, 성령의 불, 헌신, 전도 그리고 충성의 불이 꺼지면 마귀의 무도회장으로 변한다. 수많은 사람들이 마귀의 장난에 놀아나게 된다. 그러나 불만 있으면 마귀는 적수가 못 된다. 불 있는 교회에 들어간 마귀는 일곱 길로 도망칠 것이기 때문이다.

문제는 '불'이다. 과연 우리 교회 그리고 내 가슴속에는 성령의 불이 지금도 뜨겁게 타오르고 있는가, 아니면 불은 다 꺼지고 재만 남아 있는가. 만약, 후자의 상황이라면 지금 우리에게 긴급하게 요청되는 것은 성령의 불을 다시 타오르게 하는 일이다. 내 식어진 가슴속에 성령의 불길이 다시 타오르게 해야 교회가 살고, 내가 살고, 민족이 산다.

불길이 다시 타오르게 하는 일은 참으로 힘든 일이다. 그러나 아무리 힘들어도 불씨를 다시 살려내야만 한국 교회와 성도들은 다시 일어날 수 있다. 이 불씨가 다시 살아나야 세상 모든 이들을 살릴 수 있다. 이 희망의 불꽃은 반드시 다시 타올라야 한다.

나는 오늘 우리가 살고 있는 현실 가운데 수많은 교회와 성도들이 '식어 가고' 있는 모습을 발견했다. 마치 예수님께 책망 받았던 라오디게아 교회와 성도들 같은 모습이다. 그래서 안타까운 마음으로 이 글을 쓰게 되었다.

오늘 이 작업을 내놓기까지 많은 분들의 도움이 있었다. 무엇보다도 은평성결교회를 세우시고 희년인 50주년까지 인도하신 하나님께 영광을 올려 드린다. 또한 그 사역의 중심에 계셨던 이병돈 원로목사님과 장로님들 그리고 모든 성도들께 감사드리며 이 은혜를 함께 나누고 싶다. 모든 사역에 항상 함께 하여 준 나의 사랑하는 가족들과 아껴 주신 분들께도 감사드린다. 기꺼이 추천사를 써 주신 오정현 목사님, 이영훈 목사님께도 무한한 감사를 드린다. 그리고 故 옥한흠 목사님께 감사드린다. 또한 한국 교회의 연합과 봉사를 함께 꿈꾸는 '한국교회희망봉사단'과 제자훈련을 함께 고민하는 칼넷 회원들께도 감사드린다. 출간을 허락해 주신 국제제자훈련원과 수고해 주신 출판부에도 감사드린다.

부름 받은 제자

한태수

차례

추천사	4
머리말	6
프롤로그 내 영혼의 불쏘시개를 찾아서	12

1부 구원의 감격(感激) 17

제1장 회상, 하나님을 모르던 시절 19
제2장 절망의 늪으로 찾아오신 하나님 32
제3장 인간의 실상이 보이다 57
제4장 하나님이 보내신 유일한 구조선인 교회 68

2부 제자의 소명(召命) 85

제5장 내 말을 대언하라 저들이 살리라 87
제6장 내 양 떼를 부탁한다 105
제7장 내 복음 좀 전해 줘 116
제8장 가슴이 불타는 주님의 제자가 필요하다 131
제9장 서로의 삶 속에서 제자를 발견하다 149

3부 광야의 인내(忍耐) 173

    제10장   인생의 광야학교를 피하지 말라   175
    제11장   네 이웃이 어디 있느냐?   188
    제12장   무엇이 가슴을 식게 하는가?   201
    제13장   다시 타올라야 교회의 내일이 있다   213

4부 사명의 비상(飛上) 227

    제14장   교회는 영적 전투의 최전방에 서있다   229
    제15장   온 세상을 가슴에 품고   238
    제16장   한국 교회여, 서로 연합하라   250
    제17장   이 한순간을 위하여   263

에필로그   저들에게 내려가서 찾다   273

프롤로그

내 영혼의 불쏘시개를
찾아서

　방콕 가는 비행기에 신혼여행팀과 함께 탑승한 적이 있다. 갈 때 분위기는 사뭇 고조되어 있었다. 신랑과 신부가 서로를 얼마나 좋아하는지, 참 좋아 보였다. 괜히 우리가 중간에 끼어 있으니까 신경 쓰는 것 같아, 빈자리에 옮겨 앉기도 했다. 그러면서도 기분이 좋았다. 왜냐하면 뜨겁게 눈을 마주보며 서로 사랑하는 모습이 너무 아름다웠기 때문이다. 한편으로는 부럽기도 했다.
　그런데 공교롭게도 돌아오는 길에 같은 비행기를 타게 되었다. 갈 때의 분위기와는 전혀 달랐다. 우리가 옆에 끼어 있어도 별로 눈치를 주지 않았다. 서로 눈을 바라보며 사랑을 속삭였던 커플도 눈에 띄지 않았다. 신혼여행에서 지쳤나 보다, 혹시 벌써 사랑이 식어진 것은 아닐까, 그렇게 뜨거웠던 가슴이 그렇게 빨리 식어 버리고 만 것인가? 뚝배기는 서서히 뜨거워져서 오랫동안 뜨거움을 유지하지만 냄비는 금방 뜨거워졌다가 금방 식어져 버리고 만다. 그렇다면 요즘 사랑은 냄비 사랑인 것인가?

한편, 신앙생활도 뜨거웠던 가슴이 식어질 때가 있다. 자기도 모르는 사이에 가슴이 식어지면 껍데기만 남는다. 그러나 문제는 그 식어진 가슴으로는 '아무것도 할 수 없다'는 것이다.

뜨거웠던 그 시절

1960년대, 70년대, 그리고 80년대 한국 교회는 기도의 열기로 가득했다. 그리고 이 때문에 한국 교회는 뜨겁게 달아올랐다. 기도의 열기는 큰 부흥을 경험케 했다. 부흥의 전조는 먼저 기도의 불길이다. 부흥은 기도에 달려있다. 우리나라가 부흥했던 때를 보니, 바로 새벽 기도의 불길이 뜨거웠을 때이다. 당시 철야기도, 금식기도, 산상기도, 합심기도의 열기는 무척 뜨거웠다. 여의도에 100~200만 명이 모여 기도했다. 모이는 데 인색하지 않았다. 자동차도 별로 없을 때, 성도들은 걸어서라도 모였다. 온통 기도 소리로 산들이 들썩였다. 부흥회 때마다 교회들은 만원이었다. 성도들은 줄을 이어 기도 모임에 동참했다. 이곳저곳에 기도의 눈물이 고여 있었고, 기도의 함성은 하늘에 닿았다. 모이면 기도했다. 기도하고 또 기도했다.

나도 그 시절에 주님을 만났다. 내가 거듭남을 경험했던 것은 1973

년도, 고1 때였다. 그해 겨울에 나는 '새벽기도회'에 나가기 시작했다. 집에서 4킬로미터를 걸어서 갔다. 때로는 눈이 많이 쌓여 두 시간 넘게 걷기도 했다. 교회는 난방을 할 처지가 안 돼서 겨울 찬바람이 귀와 발가락을 얼어붙게 했다. 그래도 나를 막을 수 없었다. 기도하고 싶은 열기를 식힐 수 없었다. 설교는 한 시간이 넘었지만 즐겁기만 했다.

처음에는 나 혼자 시작했지만 얼마 후에는 온 동네 사람들을 다 깨웠다. 신작로 길 옆 좁은 길로 들어가서 교회 다니는 장로님, 권사님 가정들을 깨웠다. 얼마 후에는 수십 명이 합세하여 새벽길을 걸었다. 난방 시설이 되지 않아 찬 공기에 온 몸이 한기로 바르르 떨렸지만, 새벽기도 열기만은 뜨겁게 달아올랐다. 그때 그 기도가 얼마나 뜨거웠던지 어린아이들도 회개하고 중고등학생들도 뜨거운 회개의 눈물을 흘렸다. 얼마나 많이 울고 기도 했던지, 선생님들이 말려야 할 정도였다. 흐르는 눈물을 자신들도 주체할 수 없을 지경이었다. 주일학교의 여름성경학교 때였다. 예수님이 십자가에 못 박히는 장면을 잠시 연극으로 보여준 것뿐인데 초등학교 5~6학년 아이들이 서너 시간을 울고 다녔다. 중고등부 수양회에 캠프파이어 시간이면 으레 눈물바다가 되었다. 금강 모래사장에서 밤새껏 울며불며 기도했던 중학교 1학년 학생들의 모습이 지금도 생생히 기억난다. 기도하는 분위기 속에서는 가는 곳마다 회개의 불길이 타올랐다. 회개하고 나니 믿어지고, 믿어지니 자연히 헌신하고 충성하는 사람들로 변해갔다. 그 당시 경제적으로는 매우 어려웠던 시절이었지만, 교회는 기둥만 세우면 지어질 정도로 성도들의 전적인 헌신이 있었다. 그 시절에 경험한 부흥의 기적과 교훈들은 지금도 잊히지 않는다.

'불쏘시개'라는 단어를 아는가? 옛날 시골에서 불을 때거나 피울 때에 불이 쉽게 옮겨 붙게 하기 위하여 먼저 태우는 것들을 말한다. 불쏘시개는 주로 잎나무, 종이 등을 사용했다. 이처럼, 어떤 중요한 일이 잘 될 수 있도록 하는 데에는 먼저 필요한 것들이 있다. 우리의 신앙생활에도 이러한 불쏘시개가 필요하다. 특히 뜨거운 성령의 불길이 다시 타오르게 하는 데 있어서 가장 필요한 불쏘시개는 주님과의 첫사랑을 회복하는 것이다. 그때의 감격과 기쁨을 기억하고, 다시금 회복하는 일이 일어나야 한다.

1부
구원의 감격(感激)

01
회상, 하나님을 모르던 시절

길 잃은 인생

　인간은 하나님을 떠난 이후, 더듬이가 끊어진 곤충처럼 갈 길을 잃어버리고 헤매게 되었다. 균형 감각도 잃고 방향도 잃어버렸다. 여기가 길인가 하여 가 보아도 막혀 있고, 저기가 길인가 하여 가 보아도 길은 없다. 길이 보이지 않는다. 인간은 어디서 와서 어디로 가는 것인가. 지금 나는 어디쯤 서 있는 것인가. 이대로 쭉 가면 어디에 다다르게 될 것인가. 과연 죽음 후에도 갈 곳은 있는가. 죽음으로 인생은 끝나고 마는 것인가.

　길 잃은 인생들은 길을 찾아보려고 종교를 만들어 보지만 더욱 미궁 속으로 빠져들 뿐이다. 아무리 더듬어 찾아보려 해도 길을 찾을 수 없다. 엉뚱한 곳에서 헤매고 있을 뿐이다. 귀신들의 힘을 빌려서 점을 치는 무당은 그 길을 알 수 있을까? 무엇인가 아는 듯 소리치지만 무당들은 인생의 가는 길을 결코 알 수 없다.

어린 시절, 교회를 다니다가 잠시 떠났던 그 시절에 나는 여러 부류의 사람들과 만났다. 처음에 만난 대상은 무당이었다. 칠월칠석, 팔월 보름(추석) 등 여러 절기나 특별한 날에는 무당집에 가서 점을 치고 굿을 했다. 팔월에는 물 조심, 구월에는 사람 조심, 시월에는 불 조심하라며, 병 주고 약 주고 하지만 결국 길은 몰랐다. 오히려 더 큰 불행의 나락으로 떨어졌다. 전통적인 유교 가정에서 제사와 시제(時祭)를 지내는 중심에 서야 하는 장남으로서 그 역할을 충실히 해보아도 길은 보이지 않았다. 불교 대웅전 옆방에 몇 달 동안 있으면서 공부도 하고 스님들의 이야기를 들어 보아도 역시 길은 없었다. 그들은 누군가를 의지하는 것, 심지어 하나님을 의지하는 것도 나약한 짓이니 "오직 자신을 믿으라"고 했다. '천상천하 유아독존', 자신이 부처가 되는 길이 진정한 길이란다. 그러나 자신이 믿을 만한 존재이던가? 작심삼일을 반복하는 인간, 내일 일도 알지 못하는 어리석은 인간인 자신을 어떻게 믿고 의지할 수 있는가?

초등학교 2학년 때는 계룡산의 젊은 도사가 우리 집에 찾아왔다. 그는 5년 동안 소리 없이 농사일도 함께 거들며 일꾼처럼 대가 없이 봉사해 줬다. 그와 가족처럼 지냈다. 그는 뒤꼍 장독대에 정화수를 떠놓고 빌고 또 빌었다. 무엇인가 그럴듯한 이야기를 늘어놓기도 했다. 그리고 어느 날 그는 바람처럼 사라졌다. 그도 결국 인생길을 모르는 사람이었던 것이다.

지금껏 살아오면서, 오대양 육대주 80여 개국을 돌아보았다. 세상에는 길을 찾아 나선 종교가 많이 있지만 어떤 종교도 인생길을 모른 채 헤매고만 있다. 인도, 네팔, 일본 등 아시아에는 수억 수천만의 신들이 있다. 그러나 이 신이든 저 신이든 저들이 하는 모습은 참으로 어리석을 뿐이다. 세상 어딜 가든지 그 길을 속 시원히 아는 종교는 없다. 왜냐하면 사람은 그 길을 찾아 갈 수 있는 모든 기능을 잃어버렸기 때문이다. 그 어떤 종교도 하나님을 떠나서는 길을 알지 못한다. 이리저리 헤맬 수밖에 없다. 세상 모든 종교는 결국 인간이 절대자 하나님을 찾아가는 노력인 것이다. 그러다 보니 참으로 한심한 종교까지 판을 치고 있다. 심지어 사탄교까지 등장했다. 수많은 우상종교, 이단들이 우후죽순처럼 돋아나고 있지만 어떤 종교도 인격적인 하나님께로 나아가지 못하고 있다.

하나님을 떠난 이후 우리는

하나님의 창조의 왕관인 인간은 영생하는 존재로 창조되었다. 인간은 에덴동산에서 하나님과 깊은 교제를 나누며 마냥 행복하게 살았다. 너무나 행복하고 기뻐서 이보다 더 좋을 것도, 더 부러울 것도, 더 아쉬울 것도 없었다. 하나님은 언제나 거기에 계셨고, 아담과 하와도 아무런 거리낌 없이 그 동산에서 하나님을 만났다. 그들은 그 누구와도 좋은 관계, 아름다운 조화를 이루고 살았다. 하나님과의 조화는 물론이요, 인간 사이의 조화와 자신과의 조화, 자신과 자연 만물이 완벽하게 조화를 이루는 세상이었다. 부끄러움도 두려움도 불안함과 근심도 전혀 없는 세상에서 영원히 살 수 있으니 얼마나 좋았을까?

하나님은 사람을 위하여 하늘과 땅 그리고 바다를 만들어 주셨다. 땅에는 풀과 채소와 열매 맺는 나무들을 주셨다. 하늘에는 해와 달과 별들을 주셨다. 공중에는 새들과 나비 등을 주셨고 바다에는 크고 작은 물고기를 주셨다. 땅에는 가축과 짐승을 그 종류대로 주셨다. 이 모든 것을 만든 후에는 사람을 창조하시고 그 모든 것을 마음껏 누리며 살도록 하셨다. 얼마나 세심한 배려인가. 하나님은 너무나 기뻐하셨다. 이 모든 것을 마음껏 누리며 사는 인간의 모습이 너무나 보시기에 좋았다.

하나님은 창조주인 자신과 피조물인 인간을 구분하기 위하여 선악을 알게 하는 나무의 열매만은 따먹지 말도록 하셨다. 모든 것은 인간이 다 누릴 수 있었지만 단 한 가지, 선악을 알게 하는 나무의 열매는 따먹지 않는 제한된 범위 안에서 자유를 누리도록 했다. 그러나 이 행복한 삶을 질투하던 존재가 이미 공중에서 진을 치며 바라보고 있었다. 그 존재는 바로 사탄이다. 사탄은 뱀 속에 들어가서 사람을 유혹하기 시작했다. 하나님 말씀에 의심을 불러일으키도록 질문했다. "하나님이 참으로 너희에게 동산 모든 나무의 열매를 먹지 말라 하시더냐"(창 3:1) 뱀은 하와에게 다가가서 하나님의 말씀을 의심하게 하고, 결국은 사탄의 의도대로 하와를 넘어뜨렸다. 하와는 선악을 알게 하는 나무의 열매를 먹으면 하나님과 같이 된다는 유혹에 넘어가 선악과를 따먹고 만다. 그리고는 남편에게도 먹게 한다. 사탄의 유혹에 넘어간 이 순간이 인류를 비극으로 몰아넣는다. 이때부터 인간은 하나님의 낯을 피하여 도망을 치고, 내면에 두려움과 부끄러움이 찾아 왔다. 평생 수고와 해산의 고통이 따르게 된 것이다. 인간은 수고와 고통 속에 살다가 결국은 죽음에 이르게 되는 비극을 맞이하게 되었다.

하나님을 모르던 어린 시절

어린 시절. 구름 한 점 없는 맑은 하늘 위로 찬란한 태양과 나뭇잎에 맺혀 있는 이슬이 태양 빛에 반사되어 반짝거리는 것을 보며 마냥 즐거웠다. 노란 개나리, 연분홍 진달래가 손짓하는 동산을 내달리기도 하고 소리치며 흘러가는 시냇물에 발을 담그고 노래를 부르기도 했다. 이름 모를 새들의 노래 소리, 실컷 울어 대는 한여름 밤의 풀벌레 소리, 은은하게 들려오는 동산 위의 교회 종소리를 들으면서 나도 모르게 상상의 나래를 폈다. 동구 밖 황소나무가 손짓하고 저녁연기 모락모락 피어오르는 희망의 샘터에서 내일을 꿈꾸며 행복하게 살았다. 주일을 손꼽아 기다렸고, 아무리 추운 겨울날이라고 하더라도 불어오는 칼바람과 맞서면서 동산 위에 있는 교회를 향했다. 이처럼 황홀했던 어린 시절은 교회에서 들려주는 설교말씀과 성경동화로 아름답게 수놓아져 갔다.

그런데 웬일일까? 하늘에 구름 한 점이 드리우더니, 이내 시커먼 먹구름이 짙게 깔렸다. 하늘 사방에서 스산한 바람이 일었다. 사정없이 내리치는 굵은 빗줄기에 내 마음의 창문이 닫혔고, 대지 위에 나뒹구는 낙엽을 밟으며 인생의 고독을 씹었다. 저 하늘에 슬픔을 쌓은 듯 우수(憂愁)의 철학자가 되어 말문을 닫았다. 나는 그렇게 눈동자의 초점을 잃고 멍하니 서 있었다.

아버지는 사업을 하신다고 논밭을 파셨고, 몇 년 후에는 재산을 탕진하고 홧김에 마신 술에 중독되어 매일 술주정을 끊임없이 하셨다. 이내 가정불화로 이어졌고 하루도 바람 잘 날 없는 불안한 나날이 계속되었다. 피어 보지도 못한 어린 나이에 겪는 아픔이 에이도록 깊은 마음의 상처로 남아 얼룩졌다. 경제적 여유도 없었다. 공부할 시간적 여유도 없었다. 가정은 공부할 분위기를 만들어 주지 못했다. 사방이 막혀 있는 감옥에 들어선 기분이었다. 어찌할까? 차라리 죽어 버리고 싶은 심정이었다. 가슴속에서 이글이글 타오르던 꿈이 서서히 식기만을 기다려야 했다. 폭풍의 계절에 바라보는 인생은 잿빛이었다. 낭떠러지 위에 선 기분이었다. 도무지 갈 길이 보이지 않았다.

아버지와 어머니는 믿음이 좋은 분들이셨다. 믿음의 축복 속에서 결혼과 가정을 이루셨다. 그러나 몇 년 안 되어 믿음을 버리셨다. 결혼 후에 군에 입대하신 아버지가 전역 후 교회를 떠나신 것이다. 주님을 떠난 아버지는 무당집을 찾아가 푸닥거리를 하셨다. 뒤꼍 장독대에 물을 떠 놓고 비셨다. 우상을 끌어들여 섬기기 시작하셨다. 우리 가족은 하나님으로부터 아주 멀리멀리 도망치기 시작했다.

하나님을 떠난 것이 얼마나 큰 고통인지, 마치 바다 한가운데서 풍랑을 만난 기분이었다. 현기증이 느껴졌다. 구토가 났다. 이것저것 붙잡고 애써 보지만 하얗게 질려 버린 창백한 얼굴과 정신을 차릴 수 없는 흔들림은 어찌 할 수가 없었다. 재산도 날리고 건강도 잃었다. 모든 가족이 행복하지 않았다. 학교 갔다 집에 돌아오는 일이 무서웠다. 먹을 것도 없는데 대낮부터 술에 취한 아버지가 기다리고 있었다.

나는 세 번의 죽을 고비를 넘겼다. 떨어지고 부딪치고 찢어지고 깨지고 날아가 버렸다. 세 살 때는 뜨거운 화롯불에 머리를 박고 떨어졌다. 열여덟 바늘을 꿰매며 촛불 밑에서 밤을 새웠다. 초등학교 4학년 때는 운동회를 준비하며 덤블링을 하다가 곤두박질을 쳐 팔이 부러졌다. 또한 중학교 시험을 앞두고 신작로 길에서 덤프트럭과 부딪혀 2~3미터를 날아가 버렸다. 다리가 부러지고 정신을 차릴 수 없었다. 나는 간신히 살아났다. 2년 후 비슷한 위치에 계셨던 할머니도 교통사고로 크게 다치셨다. 4년 후에는 초등학교 2학년이던 남동생이 교통사고로 세상을 떠났다.

하나님을 떠난 이후 우리 가정은 재산을 탕진했고, 잦은 사고로 완전히 초토화되었다. 더는 어찌해 볼 수 없는 나락으로 떨어졌고, 모든 가족이 절망 속에 빠져들었다. 이제는 학업을 이어 갈 수도 없을 지경에 이르러, 고등학교 1학년 1학기를 마치고 자퇴를 했다. 아, 이제 어쩌란 말인가.

세속의 물결 속에서

사람이 하나님을 떠나면 세속의 물결 속에 빠져든다. 세속의 물결은 하나님 없는 세상이다. 그러한 세상은 사람이 주인 노릇을 한다. 그 결과 세상은 육신의 정욕, 안목의 정욕, 이생의 자랑이 지배하게 되고, 사람들은 소유욕, 쾌락욕, 과시욕에 끌려다니게 된다. 그러나 결코 채울 수 없는 밑 빠진 독과 같다. 채우고 또 채워도 채울 수 없는 무엇을 채우려고 몸부림쳐 보지만 참 만족이 없다.

탕자가 아버지 재산을 가지고 집을 나가 세상에서 마음껏 즐겨 보았지만 얼마 안 가 빈털털이가 되고 말았다. 결국은 비참한 상황에 빠져들게 되었다. 돼지 먹이인 쥐엄나무 열매를 먹고 생명을 유지 할 수밖에 없는 처지가 된 것이다. 재산이 꽤 있을 때는 친구도 있었고 애인도 있었지만 재산을 탕진하고 나니 모두 떠나버렸다. 홀로 남겨진 그는 우울과 고통 속에 빠져들었다. 비참한 처지에서 울어야 했다. 이것이 세상이다.

하나님을 떠난 세상은 무섭게 변하고 있다. 사람들이 만들어 가는 정치가 무섭기 그지없다. 교육도 절망의 나락으로 끌려가고 있다. 사회적 환경도 감당할 수 없는 방향으로 끌려가고 있다. 마치 브레이크가 고장

난 자동차처럼 말이다. 급발진하는 자동차처럼 이리저리 충돌하며 수많은 사람들에게 피해를 입힌다. 그 누구의 힘으로도 제어가 되지 않는다.

　미친 듯이 날뛰며 이 세상을 지배하는 악한 영이 배후에 도사리고 있다. 보이지 않는 곳에서 이 세상 사람들을 조종하고 있다. 정치, 경제, 사회, 문화, 종교까지도 리모컨으로 조종하듯, 막강한 영향력을 행사하고 있다. 하나님을 떠난 이 세상이 그 세력에 의해 조종당하고 있으면서도 사람들은 깨닫지 못하고 있다. 스스로 바벨탑을 쌓아 재앙을 막아 보려고 하지만 바벨탑은 결국 무너져 버리고 만다. 하나님을 떠나면 이 세력을 막아줄 자가 아무도 없다. 이 세력이 막강하기 때문에 당해 낼 수도 없다. 도살장으로 끌려가는 소처럼 죽는 줄 모르고 끌려간다. 엄청난 세력에 의하여 세속의 물결이 출렁거린다.

　세속적인 가치관의 핵심은 비교 의식이다. 비교 의식은 열등 의식, 피해 의식에 사로잡히게 한다. 사람들은 날 때부터 비교당하기 시작하여 평생 비교 의식의 덫에서 벗어나지 못하고 있다. 여기에 인간의 비극이 있다. 태어날 때부터 부모는 자녀에게 비교하는 말투로 대한다. 형과 비교하고 동생과 비교한다. 이웃에 사는 친구와 비교한다. 마을에 나가도 동네 사람이 비교하는 말을 한다. 외모와 능력을 비교한다. 마음속까지 비교한다. 학교에서는 성적을 비교한다. "수우미양가"와 "ABCD"로 성적을 매긴다. 미스코리아에서는 진선미를 가린다. 일류, 이류, 삼류로 학교를 구분한다. 사람은 비교당하고 사는 한, 행복하지 않다. 내면에 깊은 상처가 남는다. 서로에 대한 경계심과 질

투가 사라지지 않는다. 끝없는 미궁에 빠져들고 만다. 정권을 수없이 바꿔 보아도 만족할 수 없다. 입시 제도를 수없이 고쳐도 공평하지 않다. 하나님을 떠난 인간들은 자신들이 만들어 놓은 문명 속에서 자기 무덤을 팔 뿐이다. 세속의 거친 파도 속에서 싸우다가 결국 그 파도에 삼켜져 버리고 마는 것이다.

이집트 고대문명의 상징인 스핑크스와 피라미드는 왕권문화의 소산으로써, 결국은 권력욕을 보여 주고 있다. 인간은 한없이 권력을 추구하지만 권력의 정상에 선 사람들이 만족하며 행복하게 사는 것을 본 적이 없다. 대부분이 불행한 결말을 맞이하게 된다. 세상 모든 군왕들을 보라. 독재자들을 보라. 영웅들을 보라. 저들의 결말이 어떠했던가. 이들이 비극의 나락으로 떨어지는 것을 보면서도 인간은 여전히 권력 지향적이다. 권력의 바람이 지나고 나면 사람들은 학문이나 스포츠에 빠져든다. 그리스에 가 보면 그 현장을 볼 수 있다. 그리스는 수많은 철학자들을 배출했다. 이곳저곳에 스포츠를 상징하는 건물들이 보인다. 하나님을 떠난 사람들은 무엇인가를 잡으려고 달려간다. 학문에 심취하면 참으로 만족할 수 있을까? 스포츠에 빠져들면 오늘의 고통을 잠시 잊을 수 있을까? 요즘은 정치가보다는 스포츠 스타, 은막의 스타들이 더 인기가 많고, 돈도 더 많이 버는 시대다. 세상은 열광적으로 스포츠의 세계로 빠져든다. 스포츠 때문에 가슴이 이글이글 타오른다. 서로 지역을 정하고 팀을 만들어 응원한다. 나라와 나라가 스포츠 전쟁을 하고 있다. 그러나 이것도 시간이 지나면 시들해진다. 여기에서 끝나지 않고 그 다음에는 '성문화'가 다가온 다. 그리스를 거쳐 로마에 다녀 올 기회가 있었는데 성문화가 만연되어 있는 모습을 이곳저곳에서 볼 수 있었다. 지금은 온 세상에 타락한 성문화가 만연하다. 남자가 남자와 더불어 부끄러운 짓을 하는 것도 모자라 이것을 공인해 주지 않으면 대통령에 당선되기 힘든 나라도 있다. 짐승과도 더불어 부끄러운 짓을 하다가 불치병 AIDS에 감염되어 수많은 사람들이 쓰러지고 있다. 말초신경을 자극하는 성문화가 노아홍수 때보다도, 소돔과 고모라 때보다도 더 극에 달한 모습을 볼 수 있다. A.D. 59년에 화산재로 인하여 사라져 버린 한 도시가 있다. 바로 폼페이 시다. 인구 30만 명이 순식간에 사라져 버리고 그때 그 모습이 석고처럼 굳어진 채 아직도 그 흔적을 볼 수 있다. 참으로 타락한 도시였다. 성문화가 극에 달하면 하나님의 심판과 역사의 종착역이 가깝다는 사실을 알 수 있다.

영적 죽음

선악과를 따먹는 사람들은 하나님께 범죄함으로 하나님과의 단절을 경험하게 되었다. 하나님과의 관계가 단절된 상태를 '영적 죽음'의 상태라고 볼 수 있다. 에베소서 2장 1절을 보면 "그는 허물과 죄로 죽었던 너희를"이라고 말씀한다. 또한 로마서 3장 23절에도 "모든 사람이 죄를 범하였으매 하나님의 영광에 이르지 못하더니"라고 말씀한다. 한 사람도 예외 없이 죄를 지었다. 죄는 하나님과의 교제를 단절

시키며 이러한 상태를 '영적 죽음'이라고 말한다.

"죄의 삯은 사망이요"(롬 6:23)

죄의 삯은 사망이요 영적인 죽음이다. 영적인 죽음은 영원한 멸망으로 끌고 간다. 사람은 영·혼·몸으로 구성되어 있다. 죄는 사람들에게서 영적 기능을 죽임으로 혼과 몸의 기능만 남겨 놓는다. 그 결과 사람들은 마치 자전거를 타고 가는 인생처럼 되어 제한적으로 활동할 수 밖에 없다. 그래서 삼복더위에 내리막길을 달릴 때는 시원하지만 오르막길을 갈 때는 차라리 자전거를 집어 던지고 싶어진다. 길이 없는 산악지대에는 끌고 갈 수도 없다. 바다를 만나면 더 이상 갈 수도 없다. 인생살이에는 사람이 혼과 육만으로는 풀 수 없는 수많은 문제들이 있다. 혼과 육만 남아 있는 사람들이 추구하는 세상을 보라. 이 두 가지만 충족되면 다 되는 것처럼 서로 말하고 있지 않은가. 세상에서는 어느 집이 좋은가, 어느 학교가 일류인가, 자동차는 무엇이 좋은가, 그러면 옷은 어떤 것이 좋은가, 어떤 음식이 맛있는가, 무엇이 건강식인가. 그 모든 관심의 범주가 그 이상을 넘어설 수 없다. 하나님을 떠난 인생은 뿌리가 잘라진 채 꽂꽂이한 꽃들과 같다. 잠시 동안은 아름다운 자태를 뽐내기도 하지만 실상은 뿌리로부터 잘려져 있다. 좀 더 멀리 보면 저들은 이내 죽을 것이다. 하나님을 떠난 이후, 사람은 영적 죽음의 상태에 빠져있다. 생명의 근원과 단절되어 있기 때문이다. 제아무리 몸부림쳐 보아도 어찌할 수 없는 구제불능의 죄인이요, 길을 찾을 수도 없는 한계 상황 속에 처한 인생이다. 제아무리 정좌 명상하고, 난행고행한다고 한들 길이 보이겠는가? 선행을 많이 하고, 노벨상을 탄다고 길을 알 수 있겠는가? 스스로 금식하고 요가를 해 보고 도를 닦아 보아도 길을 찾을 수 없다. 죽은 자는 스스로를 어찌해 볼 수가 없다. 머리 좋은 아인슈타인이 아는가. 돈 많이 벌었던 잡스가 아는가. 유명한 정치가 에이브러햄 링컨이 어찌 해 볼 수 있겠는가. 세계적인 스타 마릴린 먼로는 어떤가. 저들 모두는 이미 죽어 땅에 묻힌 지 오래다.

나의 둘째 딸이 초등학교 1학년 되던 해의 일이다. 학교에서 앞머리를 반듯하게 자르고 오라고 했나 보다. 엄마 아빠가 언제 올지 기다릴 수 없었던 딸은 혼자 거울을 보며 자르기 시작했다. 그런데 반듯하게 잘라지지 않는 것 아닌가. 오르고 또 오르면 못 오를리 없건만 하는 심정으로 머리를 자르고 또 자르다보니 뒤쪽까지 잘라 버리고 말았다. 머털도사가 따로 없었다. 옆머리는 긴데 가운데 머리는 짧게 잘렸다. 자기가 보아도 하얗게 드러난 머리통이 끔찍했는지 검은 크레파스로 칠해 놓고 모자를 뒤집어쓴 채 시무룩한 모습으로 앉아있는 것 아닌가. 그 머리카락이 다시 자라는데 6개월이 걸렸다. 스스로 어찌해 보려는 인생의 노력은 이와 같다. 하나님과의 교제가 단절된 인간은 영적 죽음 속에서 스스로 어찌해 볼 수 없는 존재다.

02
절망의 늪으로 찾아오신 하나님

하나님을 떠난 이후 우리 가족은 절망의 늪에서 허우적거렸다. 하지만 그럴수록 더 깊은 곳으로 끌려가고 있었다. 어디서, 무엇 때문에 이 지경에 빠지게 되었는가. 수고와 슬픔 속에 살다가 결국은 죽음으로 사라지는 인생, 정말 가련하고 슬픈 인생이다. 어차피 죄와 죽음을 피할 수 없는 인생이라면 차라리 일찍 사라지는 것이 낫지 않을까. 서로 얽히고 설킨 인생의 실타래는 풀려고 하면 할수록 더욱 꼬여 들었다.

'아! 이 사망의 몸에서 누가 나를 건져 낼꼬' 하며 탄식할 수밖에 없는 절망의 늪에서 몸부림치던 나에게 가까이 찾아오신 분이 계셨다.

삶의 색깔을 바꿔주신 하나님

하나님을 떠나 살던 10년의 생활 속에서 얻은 고통의 멍에를 벗으려고 다시 하나님을 찾기 시작했다. 어머니를 비롯하여 동생들이 하나둘 교회를 향하여 발길을 옮겼다. 나도 열두 번 전도를 받고 교회 나갈 것을 약속했다. 전도해 주신 분이 현 증가교회 원로목사님이신 이정복 목사님이다. 그 당시 청주 청남교회(현 미평교회) 담임 전도사님으로 사역하실 때인데 만날 때마다 전도하셨다. 열두 번째 전도를 받고는 고등학교에 합격한 후부터 다니겠다고 약속했다. 약속대로 고등학교 합격 후 교회에 나왔다. 사나이 대 사나이의 약속이기에 교회를 출석하기는 하였으나 사실은 시간도 돈도 아까웠다. 교회 가는데 한 시간, 예배하고 머물러 있는데 두 시간, 집에 다시 돌아오는데 한 시간, 도합 네 시간이면 책 한 권을 읽을 수 있었다. 돈은 없는데 헌금 바구니를 돌리니 안 할 수도 없는 노릇이었다.

설교 내용 중 어떤 부분은 참 일리가 있다. 그러나 어떤 말씀은 뻥치는 것 같았다. 잘 믿어지지 않으니 여러 번 그만두고 싶었다. 1년을 다니고 그만두자니 다닌 시간이 아깝고, 그래서 더 다니려 하니 도통 믿어지지 않아 고민이었다. 그러나 고민 끝에 결심을 했다. 한 주간 동안 아침, 낮, 저녁으로 집회에 참석하여 매달려 본 후 결정하기로 말이다. 그래도 하나님이 살아계신 것이 믿어지지 않으면 그만두고, 반대로 하나님이 살아계신 것이 믿어지고 체험된다면 이렇게 믿어서는 안 되겠다고 생각했다.

마침 1973년 1월 1일부터 부흥집회가 열렸다. 첫째 날이 지나도 별 느낌이 오지 않았다. 둘째 날 저녁이었다. 말씀을 듣는 중에 '내가 죄인이다'라는 생각이 들었다. 세상에 태어나서 처음 드는 생각이었다. 비교적 모범생으로 자라왔기 때문에 나에게는 죄가 없는 줄 알았다. 만일 천국이 있다면 나 정도로 모범적인 생활을 한 사람이 가는 것으로 생각했다.

그런데 어찌 된 일인가? 말씀을 듣고 기도하려고 하는데 너무나도 큰 죄인인 내 자신이 보이기 시작했다. 눈에서 눈물샘이 터지고, 입에서는 죄가 끝없이 흘러나왔다. 마치 마술사들이 입에서 만국기를 끌어 내듯이 계속해서 쏟아져 나오는데 바닥이 보이지 않는다. 어쩌면 그렇게 많은 죄가 감추어져 있단 말인가! 국수 가락 끌어 올리듯이 계속해서 나오는 것이 아닌가! 울먹이는 소리로 눈물을 흘리면서 간절히 회개하기 시작했다. 시간이 얼마나 흘렀는지 모른다. 회개하고 나니 성경 말씀이 누구의 설명 없이도 믿어지기 시작했다. 예수님이 '나의 구주, 나의 주님'으로 믿어지는 것이 아닌가! 그분을 마음속 중심에 모셔 들였다. 마음속에 들어오신 주님은 내 마음 깊은 곳까지 어루만져 주셨다. 주님께서는 작은 신음까지도 듣고 계셨다. 우리 가정이 고통받는 것도 보고 계셨다. 그러다 결정적인 순간에 절망의 늪으로 나를 건지러 찾아오신 것이다. 바로 그 날 찾아오신 예수님은 내 인생의 색깔을 완전히 바꿔 놓으셨다.

비는 그치고 잿빛 하늘의 먹구름은 서서히 물러가기 시작했다. 태양이 먹구름을 몰아내고 말았다. 닫혀 버렸던 마음의 창문이 활짝 열렸다. 핑크빛 행복과 하늘빛 소망이 넘쳤다. 왠지 기뻤다. 기뻐서 마냥 달리고 싶었다. 세상 끝까지 뛰어보고 싶었다. 온 땅은 환희에 가득하고 내 마음은 기쁘고 감사해서 어찌할 바를 몰랐다. 나뭇가지가 춤을 추고 산들이 노래했다. 왜 그렇게 사람들이 사랑스럽게 보이는 것인지. 방금 전까지만 해도 사랑스러운 사람은 별로 없고 피하고 싶은 사람들뿐이었는데, 똑같은 사람이 왜 그렇게 사랑스럽게 보이는지. 어린아이에서 노인에 이르기까지 마냥 사랑스러웠다. 남녀노소 빈부귀천 가릴 것이 없었다. 이 사랑의 가슴에 그 누구도 거치는 사람이 없었다. 세상 끝 어디든지 달려가서 그 누구라도 사랑하고 싶었다. 누가 나를 어떻게 대우하여도 좋다는 심정이었다. 밉지가 않았다. 그냥 사랑스럽기만 했다. 아! 이것이 천국이어라. 천국에 대한 소망으로 오늘의 환경을 이길 수 있었다. 술주정꾼 아버지까지도 불쌍한 마음이 들었다. 존재하는 것만으로도 사랑스럽기만 했다. 절망의 늪에서 허우적거리던 나에게 그분은 살며시 다가와 매일매일 소망의 씨앗을 뿌려 주셨다. 그 씨앗이 쏙쏙 자라나 무한한 가능성이 꽃피고 있었다.

"이젠 더 이상 절망하지 않으리. 슬퍼하지도 않으리. 결코 포기하지 않으리. 주님이 내 옆에 계시고 내 안에 계시기에 난 언제나 웃을 수 있다. 노래할 수 있다. 도전할 수 있다."

그분은 나의 무거운 죄의 짐과 과거의 불행의 덫을 한방에 날려 보내 주셨다. 응어리진 마음의 상처가 치료되었다. 그렇게 무겁고 고통스러웠던 인생살이가 얼마나 가벼워졌는지 구름 위를 둥실둥실 떠다니는 듯 무게를 느끼지 않을 정도의 기분이었다. 한 짐 지고 가던 지게의 짐을 내려 놓고 홀가분하게 걷는 것 같았다. 어쩌면 이렇게 좋을 수가 있을까! 이보다 더 좋을 수는 없다. 내 삶의 색깔을 완전히 바꿔 놓으신 예수님과의 만남은 인생 최고의 행복이다. 그 순간 성부 하나님의 사랑이 가슴에 찡하게 다가왔다.

우리는 본래 사랑이 없다. 죄가 사랑을 고갈시켰다. 남아있는 사랑은 감정일 뿐이다. 감정은 조건적이고 일시적이며 이기적이다. 좋아할 만한 조건이 있을 때만 사랑의 감정이 일어나지 조건이 사라지면 사랑도 저만치 사라져 간다. 사랑도 시들어 버리고 만다. 인간의 사랑은 그렇게 끝나고 만다. 이성 간의 사랑은 '에로스'(eros) 사랑이다. 이성이니까 끌리게 되고, 특별히 어떤 조건이 갖추어지면 더욱 끌리게 된다. 동성 간의 우정은 '필리아'(philia) 사랑이다. 친구 간에도 사랑이 흐른다. 시기에 따라서 우정에 가까운 사랑이 더욱 강하게 흐를 때가 있다. 또한 가족 간의 사랑이 있다. 핏줄이 흐르는 사랑이다. 이 사랑이 '스톨게'(storge) 사랑이다. 핏줄이 같으니까 우러나는 자연스러운 사랑이다. 이 모든 사랑은 조건적이다. 조건이 깨지면 사랑이 미움으로 변한다. 이 사랑은 영원하지 않다. 정해진 시간 안에서만 오가는 사랑이다. 어찌 보면 모두 '감정'일 뿐, 세월 따라 변하는 사랑이다.

그러나 성부 하나님의 사랑은 '아가페'(agape) 사랑이다. 조건적이지 않다. 영원한 사랑이다. 변함없는 사랑이다. 내가 먼저 한 사랑이 아니라 하나님이 먼저 찾아오신 사랑이다. 사람은 하나님을 더듬어 찾을 수 없기에 하나님이 이 땅에 찾아오신 것이다. 하나님은 인간이 하나님을 등지고 살아가며 방황하는 모습을 보셨다. 인간이 탄식하는 소리를 들으셨다. 한 번도 눈을 떼지 않고 바라보고 계셨다. 그리고 절망의 늪에서 허우적거리며 죄의 흙탕물을 마시고 사는 우리에게 찾아오신 것이다.

"사랑은 여기 있으니 우리가 하나님을 사랑한 것이 아니요 하나님이 우리를 사랑하사 우리 죄를 속하기 위하여 화목제물로 그 아들을 보내셨음이라"(요일 4:10)
"옛적에 여호와께서 나에게 나타나사 내가 영원한 사랑으로 너를 사랑하기에 인자함으로 너를 이끌었다 하였노라"(렘 31:3)

너무나 큰 사랑, 측량할 수 없는 사랑, 하늘을 두루마리 삼고 바다를 먹물 삼아도 다 기록할 수 없는 그 크신 사랑이 가슴에 찡하도록 다가왔다. 그 큰 가슴에 얼굴을 묻고 한없이 울어버렸다. 남의 눈치를 볼 겨를도 없었다. 지금도 그 사랑이 나를 울린다. 그 아버지 하나님의 사랑을 경험하고 나서 모든 불행의식과 열등감이 사라졌다. 마음속 응어리마저 다 빠져 나가고 차디찬 가슴이 뜨거워지기 시작했다. 이기적인 욕망이 서서히 떠나가고 희생적인 사랑이 물 붓듯 부어졌다. 그 큰 사랑으로 나의 인생은 180도 전환되었다. '하나님이 나를 부르셨다'는 소명 의식이 생겼다. 그리고 하나님은 내게 사명을 주셨다. 법관이 되려고 준비하던 삶을 목회자가 되는 길로 전환했다. 하나님의 부르심에 항거할 수 없었다. 그 사랑에 압도되었기 때문에 오히려 기쁨으로 순종하게 되었다. 이에 대해 지금까지 한 번도 후회한 적이 없다. 내 생애에 가장 잘한 결단인 것이다.

우리에게는 성부 하나님의 사랑이 계속적으로 필요하다. 그 사랑 없이 우리는 어떤 누구도 사랑할 수 없을 것이다. 가령 주님의 사역을 할 때면 어김없이 '훼방꾼'이 나타나곤 한다. 예수님의 제자 중에도 '가룟 유다'가 있었지 않은가. 사사건건 트집 잡고 힘들게 하는 사람이 있다면 어찌할 것인가. 종종 그런 대상을 만날 때가 있다. 저들을 사랑하는 것은 내 사랑으로는 불가능하다. 아니 자기 남편이나 아내마저 끝까지 사랑할 힘이 없는 것이 우리들의 모습이다.

한 번은 힘들게 하는 사람들이 있어 강단에 엎드려 기도한 적이 있다. 처음에는 못마땅한 마음으로 기도가 시작되었지만 한참을 기도하다 보니 사랑하는 마음이 들었다. 귀엽다는 생각조차 들었다. 게임은 끝난 것이다. 이처럼 사랑은 미움을 이긴다. 하나님이 사랑을 부어 주시니 그 무엇도 문제 될 것이 없었다. 저들이 모함해도 좋은데 어찌한단 말인가. 설령 나를 죽인다고 하더라도 사랑하는 사람의 손에 죽는 것이기에 문제될 것 없었다. 행복한 일이다. '아, 이것이 순교자의 마음이구나. 예수님이 십자가를 지실 때 가룟 유다와 로마 병정과 유대인들을 용서한 것도 이 사랑이구나' 하는 깨달음이 밀려왔다. 성부 하나님은 지금도 영원하고 풍성한 사랑으로 다가오신다.

그 사랑에 눈이 열리면 절망의 늪에서 벗어날 수 있다. 영적 죽음에서 벗어나 영생을 선물로 얻게 된다. 인생 여정의 길에서 천국까지 안전하게 인도받게 된다. 나는 자신에게 고백했다. "소망의 항구까지 인도해 주실 하나님이 계시기에 결코 더는 절망하지 않으리. 도울 힘이 없는 인생을 의지하지 않고 '정함이 없는 재물'(딤전 6:17)에 소망을 두지 않고 하나님의 사랑으로 살아가리라."

성자 예수님의 은혜에 얼굴을 묻고 눈물을 흘리다

하나님은 예수 그리스도를 이 땅에 보내심으로 그의 사랑을 확증해 주셨다.

> "하나님이 세상을 이처럼 사랑하사 독생자를 주셨으니 이는 그를 믿는 자마다 멸망하지 않고 영생을 얻게 하려 하심이라"(요 3:16)

하나님은 독생자 예수 그리스도를 우리를 위해 이 땅에 보내시고 그의 생명까지 기꺼이 내어 주셨다. 화목 제물로 내어 주어 우리의 죄 문제를 해결하신 것이다. 예수님은 본래 하나님이시다. 그러나 하나님과 동등 됨을 취할 것으로 여기지 아니하셨다. 오히려 자기를 비위 종의 형체를 가지시고 사람들과 같이 되셨다. 사람의 모양으로 나타나사 자기를 낮추시고 죽기까지 복종하셨다. 곧 십자가에서 자기의 목숨을 버리셨다. 태초부터 계신 말씀, 곧 하나님이 육신이 되어 이 땅에 우리를 구하러 오신 것이다.

성자 예수 그리스도의 은혜는 한이 없다. 자기 자신을 내어 주신 이가 그 무엇인들 선물로 주시지 않겠는가. 성자 예수 그리스도는 하나님이 보내신 유일한 구원자이시다. 천하 만민에게 구원 얻을 만한 다른 이름을 주신 적이 없다. 하나님과 인간, 인간과 인간 사이에 막힌 담을 허물고 분리된 것을 연결시키는 다리가 되기 위해 하나님이 인간의 몸을 입고 이 땅에 오신 것이다. 자신이 하나님이심을 완전하게 나타내기 위해 그는 하나님이셔야만 했다. 또한 인간과 감정을 교류하기 위해 인간이어야만 했다. 그는 위대하신 하나님이신 동시에 참사람이시다.

기독교 역사상 수많은 이단들이 예수 그리스도의 신성과 인성에 도전하여 일어났다. 만일 예수 그리스도께서 신성과 인성 중 어느 한쪽을 가지지 않으셨다면 우리의 구원자로서 자격을 상실할 수밖에 없다. 예수님의 신성과 인성은 구원자가 되기 위한 절대 조건이다. 왜냐하면 사람이 죄를 해결하려면 '죄 없는 피'가 필요하기 때문이다. 이 땅에 태어난 사람은 한 사람도 예외 없이 죄인이다. 죄인은 죄인의 죄를 해결할 수 없다. 그러기에 하나님이 직접 이 땅에 사람의 몸을 입고 오셨다. 육체를 입어야 피를 흘릴 수 있기 때문에 마리아의 몸을 빌어서 성령으로 잉태하신 것이다. 이처럼 피 흘림이 없이는 죄 사함이 없다. 이것이 하나님의 법칙이다. 예수 그리스도는 십자가 위에서 자기 몸을 내어 주셨다. 피 한 방울, 물 한 방울 남기지 않으시고 다 쏟아 부어주셨다. 머리에는 가시관을 쓰시고, 손과 발은 대못으로 박히셨으며, 옆구리는 창으로 찔리셨다. 십자가 위에서 선혈의 피를 흘리심으로 '죄 사함'의 길이 활짝 열렸다. 죄 사함을 통하여 죄의 문제가 해결되면 죽음 문제가 해결된다. 그 결과 구원을 얻게 되고 영생을 얻게 된다.

이스라엘 백성이 광야 생활 중에 원망하고 불평하다가 불뱀에 물려 몸이 퉁퉁 부어 결국 죽음에 이르게 되었다. 온 백성이 죽어가는 것을 보고 지도자 모세가 하나님께 기도했다.

"하나님, 이 백성을 여기까지 인도하여 죽이십니까? 이들을 건져낼 방법을 가르쳐 주세요." 하나님은 모세의 기도에 응답하여 방법을 가르쳐 주셨다.

"장대 높이 구리 뱀을 매달아라. 그리고 누구든지 그것을 바라보는 자는 살 것이라 전해라."

모세가 장대 높은 곳에 구리 뱀을 매달아 놓고 외친다.

"이스라엘 백성이여, 장대 높이 달린 구리 뱀을 바라보시오. 그러면 살 것이오."

많은 사람들은 고집을 피우며 바라보지 않았다. 상식적으로 저들의 생각에 맞지 않았다. 무슨 약을 주든지 독을 빼내든지 하여 살릴 것이지, 어찌 구리 뱀을 바라본다고 살 수 있겠는가? 그러나 구리 뱀을 쳐다본 자들마다 몸의 붓기가 빠져나가고 독이 사라졌다. 저들은 죽음에서 구원을 받게 되었다. 이 사건은 훗날 인류를 구원하시기 위해 십자가에 달리신 예수 그리스도를 상징한다. 죄의 불뱀에 물린 인류는 십자가에 달리신 예수 그리스도를 믿음으로 바리보면 죄의 문제를 해결 받고 영원히 주님과 함께 산다. 예비된 천국을 선물로 받게 되는 것이다.

　나의 죄를 회개하고 나니 예수 그리스도가 나의 구원자요, 나의 주인 되심이 확실히 믿어졌다. 그 은혜에 얼굴을 묻고 한없이 울기 시작했다. 의미 없이 바라보던 십자가가 얼마나 고맙고 감사한지, 십자가만 생각하면 눈물이 난다. 주님이 고통 받은 것을 생각하니 내 마음이 아파서 울고, 내 죄 사함 받고 영생 얻은 것을 믿게 되니 감사해서 눈물이 난다. 예수님의 십자가 사건이 내 인생을 송두리째 바꿔 놓았다. 이보다 더 큰 은혜는 없다. 그 은혜는 더 이상 바랄 것이 없는 큰 선물이요 사랑이다. 1973년 1월 2일 저녁, 그렇게 과거의 불행이 한 방에 날아갔다. 불행은 종지부를 찍고 영원한 행복이 시작됐다. 십자가 외에는 자랑할 것이 없을 정도로 너무나 소중한 순간이었다. 약 이천 년 전 너무나 엄청난 사건이 우주 속에서 일어났다. 그 사건에 눈이 열린 것이다. 그렇게 방황하며 찾았던 길이 바로 가까이 있었다. 여기에 인생의 길이 있구나.

　예수님은 "내가 곧 길이요 진리요 생명이니 나로 말미암지 않고는 아버지께로 올 자가 없느니라"(요 14:6)고 말씀하셨다. 오직 그 길, 구원과 영생의 길이신 예수님 외에 다른 길이 없음을 깨달았다. 예수님은 하나님과 우리 사이에 막힌 담을 십자가로 허무셨고 너와 나 사이의 담도 허무셨다. 이사야 선지자는 십자가를 지시고 이루실 인류 구원의 엄청난 사건을 예수님이 이 땅에 오시기 700여 년 전, 이미 예언을 하고 있었다.

"그가 찔림은 우리의 허물 때문이요 그가 상함은 우리의 죄악 때문이라 그가 징계를 받으므로 우리는 평화를 누리고 그가 채찍에 맞으므로 우리는 나음을 받았도다"(사 53:5)
"우리는 다 양 같아서 그릇 행하여 각기 제 길로 갔거늘 여호와께서는 우리 모두의 죄악을 그에게 담당시키셨도다"(사 53:6)

우리를 구원하시고 살리시려고 예수님은 사람의 몸을 빌려 성령으로 잉태되셨다. 목수이신 요셉을 아버지로, 동정녀이셨던 마리아를 어머니로 두셨다. 그는 사람으로서 겪어야 할 모든 과정을 다 겪으신 참 사람이시다. 어릴 때는 지혜도, 키도 자라나셨다. 길을 가실 때는 피곤을 느끼셨다. 목마르기도 하셨고 눈물을 흘리시기도 하셨다. 시험을 받으시고 심한 고통을 느끼셨다. 십자가에 달리셔서 피 흘리심으로 '죄 사함'의 은혜를 주셨다. 과거의 불행을 완전히 해결해 주신 것이다. 과거의 불행과 죄가 아무리 많다 하더라도 예수님을 구주와 주님으로 믿으면 '곱하기 0'을 해 주신다. 그 어떤 숫자라도 '곱하기 0'을 하면 '0'이 된다. 이 얼마나 큰 은혜요, 놀라운 사랑인가.

그 분과 연합되면 나와 세상은 간 곳 없고 날 구속하신 주님만 보인다. 예수 그리스도 그분이 나의 전부이다. 예수 그리스도보다 더 귀한 분은 없다. 더 좋은 것도 없다. 평생 그분을 높이고 자랑해도 부족함이 없다. 사도 바울은 그분을 아는 지식이 너무나 고상하여 세상에서 즐기고 자랑하던 학벌, 가문, 종교적 행위, 수많은 자랑거리, 업적 등을 쓰레기와 같이 여겼다. 그 어떤 것도 예수님과는 비교할 수 없다는 간증이다. 그분을 만나면 생명과 행복과 기쁨은 '곱하기 무한대'이다. 단 하루를 살아도 '곱하기 무한대' 하면 영원한 삶을 살게 된다. 예수 그리스도를 믿은 후에는 그 무엇도 염려하거나 근심할 것이 없다. 주님은 거듭 거듭 부탁하신다.

"너희는 마음에 근심하지 말라 하나님을 믿으니 또 나를 믿으라"(요 14:1)

"너희 염려를 다 주께 맡기라 이는 그가 너희를 돌보심이라"(벧전 5:7)

"아무것도 염려하지 말고 다만 모든 일에 기도와 간구로, 너희 구할 것을 감사함으로 하나님께 아뢰라 그리하면 모든 지각에 뛰어난 하나님의 평강이 그리스도 예수 안에서 너희 마음과 생각을 지키시리라" (빌 4:6-7)

주님을 만나면 나는 점점 작아지고 주님은 점점 커진다. 나를 제로 (0)로 가깝게 줄여보자. 그러면 주어진 환경이나 조건과 상관없이 무한한 감사와 행복을 느끼게 된다. 주어진 복을 분자로 하고 나를 분모로 하여 보라. 나를 줄이고 줄일수록 큰 행복을 누리게 된다. 예수님의 십자가 사건이야말로 내 인생에 가장 큰 영향을 끼친 사건이었다. 그보다 더 강력하고 큰 충격은 없었다. 십자가 사건은 나로 하여금 그 그늘에 머물게 하고 그 십자가를 자랑케 하는 계기가 되었다. 십자가 외에는 자랑할 것이 없다. 십자가 보다 더 귀한 것도 없다. 예수 그리스도의 십자가는 내 평생의 자랑이요 기쁨이다.

"그러나 내게는 우리 주 예수 그리스도의 십자가 외에 결코 자랑하는 것이 없으니 그리스도로 말미암아 세상이 나를 대하여 십자가에 못 박히고 내가 또한 세상을 대하여 그러하니라"(갈 6:14)

예수님이 나 대신 피 흘려주심으로 말미암아 '죄 용서'를 받았다. 영생을 얻고 천국을 선물로 받았다. 하나님의 자녀가 되는 복을 누리게 되었다. 무엇을 더 바라겠는가. 그 은혜 무엇으로 보답할 수 있을까? 제아무리 세상이 힘들고 어려워도 십자가 그늘에서 예수님의 은혜에 얼굴을 묻고 실컷 울고 나면 모든 문제와 갈등이 사라지고 만다. 십자가에서 죽으신 예수님은 장사지낸 바 되었다가 삼 일 만에 부활하셨다. 무덤에서 다시 살아나셔서 부활의 첫 열매가 되셨다. 그가 부활하심으로 믿는 자에게 의롭다 하심을 보장하시고, 믿는 자의 부활도 확증해 주신 것이다. 예수 그리스도의 부활은 인류의 참 소망이다. 죽음에 끌려가며 무서워 떨던 인간들에게 최고의 기쁜 소식이다. 그의 부활이 믿는 자의 부활로 연결되어 있기 때문이다. 부활체는 시공간에 제한받지 않는 새로운 형체이다. 그 무엇도 제한할 수 없는 새로운 몸이다. 그분의 부활 DNA가 믿는 성도의 몸속에도 들어간다. 부활 DNA를 받은 자는 마지막 날에 이르러 주님의 부활한 모습과 동일한 모습으로 다시 살아갈 것이다. 얼마나 기쁘고 감격스러운 일인가. 이 날을 소망하기 때문에 세상에서는 환난을 당해도 담대하고 기뻐할 수밖에 없다. 온 세상을 다 준다 해도 부활의 영광과 바꿀 수 없다. 예수 그리스도가 부활하심으로 죽음은 더 이상 적수가 될 수 없다.

"예수는 우리가 범죄한 것 때문에 내어줌이 되고 또한 우리를 의롭다 하시기 위하여 살아나셨느니라"(롬 4:25)

예수님이 부활하심으로 마귀의 일을 멸하여 주셨다. 마귀가 지금은 종횡무진 활동하는 것 같아도 이미 그의 머리는 상했고, 부활의 생명을 건드릴 수도 없다.

내가 아끼고 사랑했던 남동생이 초등학교 2학년이었을 때의 일이다. 동생은 아침에 눈을 뜨고 이불 속에서 "예수가 우리를 부르는 소리 그 음성 부드러워 문 앞에 나와서 사면을 보며 우리를 기다리네 오라 오라 방황치 말고 오라 죄 있는 자들아 이리로 오라 주 예수 앞에 오라"는 찬송을 우렁차게 불렀다. 가족들은 아침 식사 후 뿔뿔이 흩어졌고, 동생은 동네 친구들과 썰매를 타러 얼음판에 나갔다. 그런데 반나절 썰매를 타다가 돌아오는 길에 그만 버스에 치여 동생은 그 자리에서 숨을 거두고 말았다. 그 소식을 듣고 집으로 오는데 밀려오는 슬픔과 절망에 앞이 캄캄했다. 하얀 천에 덮여 있는 동생을 차마 볼 수 없었다. 죽음의 현실 앞에 몸부림치며 5일 동안 이산 저산을 뛰어다니며 먹지도 못하고 통곡하며 절망했다. 하얗게 밤을 지새우며 절망의 심연 속에서 비틀거렸다. 어찌 하나님은 이처럼 피어나지도 못한 꿈을 꺾어 가시는가.

"하나님, 너무합니다. 하나님, 야속합니다."

원망과 답답함에 몸부림쳤다. 살아갈 소망마저 끊어져 갔다. 깊은 절망 속에서 헤어 나오지 못하고 신음하던 나에게 부활의 주님이 다시 찾아오셨다. 그리고 "나는 부활이요 생명이니 나를 믿는 자는 죽어도 살겠고"(요 11:25)라고 말씀하셨다. 그러자 부활의 영광으로 다시 일어날 것이 믿어졌다. 그것은 공상도, 막연한 기대도 아니었다. 믿음 안에서 일어난 현실이었다. 부활이 믿어지는 순간, 가슴 속에 엉켜있던 슬픔과 절망이 사라지고 기쁨과 소망이 밀려오기 시작했다. 온 가족들에게 동일한 믿음을 주셨다. 함께 모여 찬송하고 기도했다. 다시 만날 수 있는 소망을 갖게 되었다. 더는 절망의 눈물을 흘리지 않게 되었다. 하늘나라로 이민 간 동생을 물끄러미 바라보며 소망의 꽃을 피우게 된 것이다. 죽음의 몸부림에서 벗어나 부활의 생명을 주신 예수님의 죽음은 끝이 아니라 새로운 시작이었다. "죽음은 마침표가 아닙니다. 죽음은 쉼표. 이제 내게 남겨진 일이란 부끄러움 없이 당신을 재회할 느낌표만 남았습니다."라고 읊던 김소엽 시인의 시가 떠오른다. 예수님 만난 후 죽음의 공포에서 벗어나 새 생명을 얻은 자로서 난 부활의 소망을 확신한다. 그리고 부활 신앙을 갖게 된 후에는 만물이 부활의 전주곡을 노래하는 것만 같다.

봄이 오는 길목에서는 마치 부활의 교향악이 연주라도 되는 듯 얼어붙었던 대지에도, 불탄 자리에도 새싹이 돋아난다. 죽어 있는 것같이 보이던 나무마다 연둣빛 새싹이 돋아난다. 장구벌레 속에서 잠자리가 나오고 굼벵이 속에서 날 수 있는 매미가 나온다. 구더기 속에서 파리가 나오고 누에고치 속에서 누에나방이 나온다. 만물은 부활을 소리치며 노래하고 있건만 미련한 인간은 그 소리를 듣지 못하여 절망 속에 있다. 한여름에도, 가을에도, 겨울에도 부활의 새 노래는 계속되고 있다. 들어보라. 그러면 귀 있는 자는 들을 수 있다. 죽음이 끝이 아니다. 죽음 후에 생명의 부활이 있다. 예수님의 부활은 믿는 자의 부활을 시청각적으로 보여주신 사건이다. 부활이 믿어지고 확신이 되는데, 그 무엇이 두렵고 아쉽겠는가. 그 은혜가 너무 커서 더 이상 바랄 것이 없다. 그 품이 너무 넓고 포근하여 슬픔과 절망은 꿈처럼 사라지고 말 것이다.

성령의 권능으로 큰 힘을 얻다

예수님은 부활 후 40일 동안 계시면서 승천하시기 전, 다음과 같이 부탁하셨다.

"볼지어다 내가 내 아버지께서 약속하신 것을 너희에게 보내리니 너희는 위로부터 능력으로 입혀질 때까지 이 성에 머물라 하시니라"(눅 24:49)

이 약속을 믿고 마가의 다락방에 믿는 형제들이 백이십 명쯤 모였다. 저들은 모여 기도하고 또 기도했다. 오로지 기도하기에 힘을 썼다. 열흘이 지났다. 그때 하늘로부터 급하고 강한 바람 같은 소리가 온 집에 가득하였다. 마치 불의 혀처럼 갈라지는 것이 그들에게 보여 각 사람 위에 임하게 되었다. 성령 하나님이 오신 것이다. 약속대로 성령이 오셔서 큰 능력을 입혀 주셨다. 성령이 오심으로 교회가 탄생되었다. 교회는 예수 그리스도의 터 위에 성령께서 세워주셨다. 성령은 그리스도를 증거 하는 영이다. 성령이 오심으로 그리스도 예수께서 '나의 주님이요, 나의 구주'이신 것을 깨닫게 해 주셨다. 참으로 신비한 일이다. 성령으로 충만했을 때 예수님의 제자들도 비로소 제구실을 하게 되었다. 그처럼 예수 그리스도께 직접 듣고 보고 배웠지만, 여전히 '불신앙' 가운데 나약함에 머물렀던 저들이 아닌가. 저들은 예수님의 행적을 직접 목격하지 않았던가. 각색 병자들은 물론,

죽은 자를 살리시는 모습도 보았다. 귀신을 내어 쫓는 것도 보았다. 하늘의 교훈을 직접 가르쳐 주시는 것도 배웠다. 예수님과 함께 먹고 생활했다. 그러나 여전히 결정적인 순간에는 나약했다. '누가 더 크냐?'가 관심사였고 예수님이 십자가를 지는 위기 앞에서 뿔뿔이 흩어져 도망치고 말았다. 사랑하는 제자 요한만 십자가 밑까지 따라갔을 뿐이다. 베드로마저 계집종 앞에서 예수님을 부인하는 나약함을 보였다. 그러나 오순절 성령의 충만을 경험하자 저들은 완전히 달라졌다. 더는 나약한 존재가 아니었다. 큰 권능을 받았다. 목숨을 걸 수 있을 만큼 담대한 복음의 증인이 되었다.

성령은 큰 권능을 주신다. 그 권능을 받기 전에는 예루살렘을 떠나지 말라고 주님이 부탁하셨다. 주님의 사역을 하려는 자들은 성령이 주시는 권능 없이 아무것도 할 수 없다. 오히려 망신만 당할 뿐이다. 성령이 주시는 권능은 다이너마이트보다도 더 강력한 힘이다. 세상이 감당할 수 없는 큰 권능을 부어주신다. 거듭나던 그날 성령이 내게 임하셨다. 성령께서 내 죄를 깨우쳐 주셨다. 회개의 마음과 눈물을 부어주셨다. 회개하고 주님께로 방향을 전환하고 나니 온 세상이 달라보였다. 담대한 마음과 사랑의 능력을 부어 주셨다. 복음의 증인이 되도록 하늘의 능력을 부어 주셨다. 성령은 하나님이시다. 성령께서 주시는 지혜와 능력은 하나님의 지혜요, 하나님의 능력이다.

성령을 모시고 사는 사람들은 불신자들과는 확연히 다른 수준의 인격과 삶을 살게 된다. 세상이 감당할 수 없는 큰 권능 가운데 복음의 증인으로 살게 된다. 세상의 그 어떤 장애물도 두려워하지 않고 물리치며 살게 된다. 순간순간 성령의 도우심으로 승리하게 된다. 주의 사역을 감당하려면 먼저 성령님으로 충만해야 한다. 말씀을 제대로 믿으려 해도 성령님의 조명하심이 필요하다.

모든 성경은 성령의 감동으로 쓰였다. 성령의 감동을 받은 사람들이 하나님께 받아 쓴 책이다. 따라서 성경은 성령의 도우심이 없이는 이해할 수 없는 책이다. 사람들의 가르침만으로는 지식적 설득은 될지 몰라도 복음에 목숨을 건 증인은 될 수 없다.

"오직 성령이 너희에게 임하시면 너희가 권능을 받고 예루살렘과 온 유대와 사마리아와 땅 끝까지 이르러 내 증인이 되리라 하시니라"(행 1:8)

성령이 임하니 말씀이 믿어진다. 큰 권능을 받게 된다. 각양 좋은 은사를 부어 주신다. 성령이 주시는 선물은 다양하다. 선물뿐 아니라 열매까지 맺게 하신다. 마치 포도송이처럼 성령의 열매가 맺힌다. 희락과 화평과 오래 참음과 자비와 양선과 충성과 온유와 절제의 열매가 풍성히 맺힌다. 인격의 열매나 전도의 열매도 성령께서 주시는 복이다. 성령이 오시면 그분의 지배 아래 살게 된다. 성령의 지배 아래 충만하게 거하실 때 주시는 권능으로 큰 힘을 얻게 된다.

내게도 성령께서 충만히 임하시던 날, 놀랍고 큰 힘을 주셨다. 대인기피증이 있어 사람 만나는 것이 두렵고 힘들던 나에게 담대함을 주셨다. 특별히 여자들이 지나갈 때에는 100미터 전부터 고개를 들지 못했던 나에게 똑바로 걸을 수 있는 담대함을 주셨다. 사람들 앞에 서면 떨려서 말을 하지 못했던 나에게 많은 사람 앞에서도 떨지 않고 말할 수 있는 담대함을 주셨다. 어떤 일 앞에 서면 늘 두려움이 먼저 앞섰는데 밀려오는 일감이 두렵지 않았고, 오히려 개척정신까지 생겨났다. 또한 밤길을 혼자 나설 수 없는 어두움에 대한 두려움도 사라졌다. 예수님을 만난 후 새벽에 기도하고 싶어서 견딜 수 없었다. 하지만 교회까지 가려면 4미터 가량 어두운 산비탈 길을 돌아가야 했다. 새벽은 캄캄했고, 한 시간 반 전부터 준비하고 길을 나서야 했다. 그것도 불빛이 전혀 없는 신작로를 말이다.

 1973년 12월 1일. 그날은 그믐이었다. 새벽에 문을 열고 나가보니 앞이 보이지 않을 정도로 캄캄했다. 마당에 서니 머리칼이 하늘을 향해 쭈뼛거릴 정도였다. 마당을 두 바퀴 돌고 다시 방으로 들어와 이불을 뒤집어쓰고 무서움을 달랬다. 다음날 새벽, 마음속에서 기도하고 싶은 마음이 불같이 일어났다. 또 도전했다. 그날도 두려움에 몸이 떨렸다. 산비탈을 지나갈 때 산에서 무슨 소리가 들려왔다. 이곳저곳 어두움 속에서 조여 오는 두려움에 몸이 얼어왔다. 2킬로미터 정도 걷고 있는데 갑자기 눈이 밝아지기 시작했다. 옆에 서 있는 미루나무와 플라타너스 사이에 나를 지키는 천군 천사가 있음을 느꼈다. 순간 두려움이 사라지고 담대한 마음이 생겼다. 그날 이후로 나는 어두움에 대한 두려움이 떠나갔다. 성령님께서 어두움을 헤쳐나갈 수 있도록 조명하여 주신 것이다. 성령님께서 주신 권능은 지금까지도 어두움을 헤쳐나가는 데 큰 힘이 되어, 그 힘으로 기도하고 사역한다.

성령님은 우리 곁에서 도와주시는 '보혜사'이시다. 보혜사 성령님이 우리의 돕는 자시요, 막강한 후원자이시다. 또한 우리의 복음에 대한 믿음을 보증하여 도장을 찍어주신 '보증인'이시다. 따라서 문제에 부딪혀도 걱정할 필요가 없다. 성령님께서 보증해 주셨기 때문이다. 성령님의 보증은 확실하고 분명하다. 때때로 곁길로 나아가면 보증을 서주신 성령님이 말할 수 없는 탄식으로 우리를 위하여 친히 간구하신다. 성령님의 간구로 모든 것이 합력하여 선을 이루게 된다. 그러므로 언제나 내 안에 계신 성령님을 근심케 하지 말아야 한다. 성령님의 감동을 소멸하지 말아야 한다. 성령님의 권능을 힘입어 그 능력으로 봉사하고 증거해야 한다. 성령님의 권능이 아니고는 아무것도 할 수 없다. 성령님의 권능은 무한하다. 제한할 수 없는 엄청난 능력이 그분 안에 있다. 성령님의 권능으로만 사탄의 세력을 제압할 수 있다. 또한 목숨 걸고 복음의 증인으로서 살 수 있는 힘도 성령님 안에 있다.

오직 삼위일체 하나님께 영광을

교회의 중심에는 삼위일체 하나님이 계셔야 한다. 삼위일체 하나님이 교회를 이끌고 가서야 진정한 교회요, 그분께 영광을 돌리는 교회가 된다. 우리의 기도는 사람에게 부탁하는 말이 아니라 하나님께 드리는 기도이다. 성도의 교제도 세상 사람들의 교제와 다른 것은 우리 주 예수 그리스도 그리고 그의 아버지 하나님, 성령 하나님 안에서의 교제이기 때문이다. 우리기 전히고 기르치는 말씀도 그분의 말씀이요, 우리는 그분의 말씀을 전하는 통로일 뿐이다. 전도하는 일도 교회 성장의 수단이 아니라 생명의 구주를 전하는 일이다. 따라서 삼위일체 하나님이 교회의 중심이요, 성도는 그분께 붙잡힌바 된 자요, 쓰임 받는 일꾼이다. 전적으로 삼위일체 하나님이 교회를 이끌어가실 때 교회가 교회다워진다. 그때야 비로소 원형적인 교회의 모습을 볼 수 있다.

　우리는 모든 영광을 오직 하나님께만 돌려야 한다. 삼위일체 하나님만이 예배의 대상이요, 영광을 받으실 유일한 분이시다. 이 영광을 새와 짐승과 기어다니는 동물 모양의 우상에 돌릴 수 없다. 어떤 영웅들이나 인기인에게 돌릴 수 없다. 공력이 많은 교회의 어떤 사람도 영광을 받을 대상이 아니다.

　교회의 중심에 하나님을 모시지 못하고 사람들이 중심에 서서 삼위일체 하나님이 주변으로 밀려나면 교회의 영광이 사라지고 만다. 그곳에서 사람들은 하나님을 만날 수 없다. 하나님을 만나지 못하면 우리는 아무 일도 할 수 없다. 때로 하나님이 일하시는 것처럼 보일지 모르나 하나님께는 전혀 도움이 안 될 때도 있다. 우리가 하는 것처럼 보일 때도 하나님이 나를 통해서 하시는 것뿐이다. 하나님은 자신의 일을 친히 행하신다.

무엇보다 성부·성자·성령 하나님은 한 분이시다. 한 분의 몸(공동체) 속에 삼위를 갖고 계시는, 사람의 논리로 다 설명할 수 없는 전능하신 하나님이시다. 시간과 공간의 제약이 있는 3차원의 세상에서 영적인 일을 이론적으로 다 설명하기란 무리다. 다만, 알 수 있는 것은 삼위일체 하나님이 한 분이라는 것이다. 성부 하나님도, 성자 예수님도, 성령 하나님도 다 하나님이시다. 성부·성자·성령 하나님만이 영광을 받으실 분이요, 교회의 중심이시요, 주인이시다.

삼위일체 하나님에 대한 균형 잡힌 시각이 건강한 믿음생활을 하게 한다. 성부 하나님의 사랑을 너무 강조하다 보면 '자유주의'에 빠질 수 있다. "하나님은 모든 사람을 다 사랑하신다. 따라서 어떤 종교를 믿어도 구원하신다. 예수님 밖에도 구원이 있다. 꼭 예수님을 믿어야 할 이유가 없다. 교회 다니지 않아도 구원의 길은 열려있다." 이렇게 종교다원주의, 사랑 만능주의에 빠져 버린다. 결국은 삼위일체 하나님의 뜻 곧 성경의 의도와는 상당히 빗나간 생각 속에 빠지게 된다.

성자 예수님을 지나치게 강조하다 보면 '독단주의'에 빠진다. 곧 율법에 갇히게 된다. 나와 다른 사람들, 다른 종교인들에 대하여 적대적 감정을 갖게 되고, 언제나 전투적인 자세를 보이게 된다. 그 결과 사람들을 자기 기준으로 쉽게 정죄하게 된다.

성령 하나님을 너무 강조하면 '신비주의'에 빠진다. 기독교는 신비의 종교이지만 신비주의는 아니다. 신비주의에 빠지면 기독교의 독특성을 잃어버린다. 분명한 기준점을 찾지 못하고 엉뚱한 곳에서 헤매게 된다. 삼위일체의 균형 잡힌 강조와 균형 잡힌 시각이 건강한 믿음생활에 이르게 한다.

하나님의 사랑은 모든 사람에게 펼쳐져 있다. 하나님의 사랑에서 제외된 사람은 없다. 따라서 그 누구도 미워할 수 없다. 그리고 그 사랑이 예수 그리스도를 통해서 나타났다. 하나님은 구원을 예수 그리스도 안에서 그를 믿음으로 얻게 하셨다. 그러므로 하나님의 구원은 예수님과 분리될 수 없다. 오직 예수님을 통해서만 하늘나라에 갈 수 있는 길이 열린다. 죄 사함과 구원의 길이 그 안에만 있다. 그것을 증거 하는 분이 성령님이시다. 성령님이 아니고서는 예수 그리스도께서 주님이시요, 구주이신 것을 깨달을 수도 믿을 수도 없다. 누구든지 성령으로 말미암지 않고는 믿음을 고백할 수 없다. 따라서 인류 구원 사역인 복음을 증거 하는 사역은 삼위일체 하나님이 함께 하셔야 되는 일이다. 삼위일체 하나님이 서로 뗄 수 없는 관계 속에서 구원의 큰 사역을 성취해 가신다. 그리고 오직 삼위일체 하나님께 영광을 돌릴 때에만 교회는 교회 될 수 있다. 교회가 교회의 구실을 제대로 감당할 수 있게 되는 것이다.

03
인간의 실상이 보이다

하나님을 만나기 전에는 인간의 실상을 제대로 볼 수 없다. 껍데기만 보거나 자기가 보고 싶은 대로 볼 뿐이다. 하나님을 전제로 하지 않고, 인류의 기원을 밝히려다 보니 '진화론' 같은 학설이 나오게 되었다. 학설을 만들면 무엇인가를 설명해 줘야 하는데, 도무지 풀리지 않았나보다. 그래서 '시조새' 같은 것을 만들어서 '진화론'을 정당화하려고 한다. 뿐만 아니라 "인간이 아메바에서 진화했다"고 가르침으로 인간의 존엄성을 떨어뜨렸다. 그 결과 사람들은 서로 공격하고 경쟁하고, 죽이고 죽는 모진 세상의 광풍에 시달리게 되었다. 돈에 눈이 어두워 사람을 팔아넘기는가 하면, 돈 몇 푼에도 사람의 생명을 해치기도 한다. 참으로 무섭고 한심한 시대에 살고 있다. 밤에는 나가 다니기도 무서운 세상이 되었다. 주차된 차량의 문을 열고 현금을 탈취하는 경우도 많다.

왜 이렇게 인간의 생명이 헌신짝처럼 되어 버렸는가. 왜 이렇게 인간의 존엄성이 땅에 떨어지고 말았는가. 서로 존중하고 사랑하며 살아야 할 세상에서 왜 이렇게 서로 비하하고 미워하며 살아야 하는지 안타까울 뿐이다.

그러나 하나님을 만나면 달라진다. 내가 달라지고, 내가 만나는 사람들이 달리 보이기 시작한다. 그들은 하나님이 만드신 최고의 걸작품이요, 서로 다른 귀한 작품들이다. 죄의 바이러스에 완전히 망가진 존재요, 긴급히 구조되어야 할 존재인 우리를 하나님이 만나주셨기 때문이다.

사람은 하나님의 최고의 걸작품이다

하나님이 천지를 창조하셨다. 우주에 존재하는 모든 것은 하나님의 창조물이다. 하나님은 우주 만물을 창조하신 창조주이시다. 하나님이 만드신 모든 것을 보라. 보면 볼수록 좋을 뿐이다. 그 누가 하나님의 창조를 모방할 수 있을까. 존재하는 모든 만물은 진화나 복제의 산물이 아니다. 처음 하나님이 창조하신 창조 산물들이다. 풀은 풀로, 개나리는 개나리로 만들어졌고, 장미는 장미로 만들어졌다. 물고기는 물고기로, 새는 새로 처음부터 만들어졌다. 사자는 사자로, 원숭이는 원숭이로 만들어 주셨다. 주변에서 사자가 원숭이를 낳는 것을 본 적이 있는가. 유인원이라고 불리는 원숭이나 오랑우탄이 사람을 낳았다는 말을 들어 본 적이 있는가. 보지도 듣지도 못했지만 다윈의 '진화론'을 신봉하는 자들이 많다.

하나님의 창조물 중에 최고의 걸작품이 인간이다. 세상 모든 만물을 만드신 후에 사람을 창조하셨다. 사람을 창조하신 후에 '심히' 좋아하셨다. 하나님이 그의 형상을 따라 사람을 남자와 여자로 창조하셨다. 영이 있는 유일한 창조물로서 하나님의 형상인 영이 인간에게만 있다. 인격적인 하나님을 만나려면 인격적인 인간이 되어야 한다. 우리는 지·정·의, 영·혼·몸으로 구성되어 있는 하나님의 창조물이다. 창조의 최고봉에 인간을 세우셨다. 인간에게 다스리고 정복하고 충만케 되는 복을 주셨다. 영생하는 복도 주셨다. 최고의 걸작으로 심혈을 기울여 창조하셨다. 그 계획을 우주를 만들기 전부터 가지고 계셨다. 하나님은 자신이 예비하신 설계도에 따라 인간을 창조하신 분이다. 성경은 분명히 말씀하고 있다.

"태초에 하나님이 천지를 창조하시니라"(창 1:1)

"하나님이 자기 형상 곧 하나님의 형상대로 사람을 창조하시되 남자와 여자를 창조하시고"(창 1:27)

"야곱아 너를 창조하신 여호와께서 지금 말씀하시느니라 이스라엘아 너를 지으신 이가 말씀하시느니라"(사 43:1)

한번은 세계미술대전을 관람한 적이 있었다. 4~5시간 동안 보아도 시간이 모자랐다. 참으로 놀라운 작품들을 수없이 많이 볼 수 있었다. 라파엘로, 미켈란젤로, 레오나르도 다빈치가 그린 낯익은 작품들도 눈에 띄었다. 자연학파 그림들은 살아 있는 것처럼 보였다. 어쩌면 저렇게도 잘 그릴까. 참 솜씨도 좋다. 프랑스 바르비종(Barbizon)에 가면 바르비종파(Ecole de Barbizon)들이 모여 그림을 그렸던 마을을 볼 수 있다. 밀레의 '만종'을 그린 마을도 한눈에 들어온다. 모네의 '연꽃마을'도 그대로 보존되어 있다. 감탄할 만한 그림들이 이곳저곳에 걸려있다. 그런데 인상을 찌푸리게 하는 작품도 걸려 있는 것이 아닌가.

"어떻게 저런 걸 국제전에 작품이라고 냈나."

속으로만 생각하고 가까이 다가가서 작가 이름을 보았다. 작가 이름을 보니 '피카소'라고 쓰여 있었다. 인간은 참으로 간사스러운 데가 있다. 작가 이름을 보기 전에는 "이것도 작품이야?" 하고 생각했는데, 작가 이름을 보고 작품을 보니 다른 작품은 눈에도 안 들어오고 피카소의 작품만이 작품으로 보였다. 세계적인 예술가가 그린 그림을 함부로 평가했다가 무식이 탄로 날 뻔했다.

대학 다닐 때, '시화전'이 있었다. 그때 교수님들을 모시고 한 바퀴 돌면서 시를 감상하고 있었다. 이번에도 시 같지 않은 시가 걸려 있는 게 아닌가. 그래도 "작가는 봐야지." 하고, 가까이 다가가서 보니 철학 교수 ○○○라고 쓰여 있는 것이 아닌가. 그러자 그 작품도 작품 중에 작품으로 보였다. 36년이 지난 지금도 그 시를 다 외우고 있으니 실로 놀라운 작품이 아닐 수 없다. 그 내용을 살펴보면 "아, 나는…" 이것이 전부다. 그러나 "…" 안에 있는 여백은 우리로 무한한 상상력을 가지고 읊조리게 한다. 그래서 미완성인 것 같지만 아주 멋진 작품으로 기억된다.

그때 이후로 사람을 볼 때 보는 시각이 달라졌다. 멋모를 때는 함부로 평가했었다. '잘생겼다, 못생겼다, 성격이 급하다, 느리다, 나쁘다, 좋다.' 그런데 '사람을 만든' 작가가 보이기 시작하는 것이 아닌가. 사람을 만든 작가가 '하나님', 이렇게 쓰여 있는 것이 아닌가. 그때부터는 사람들을 비교하거나 평가하면서 함부로 말할 수 없었다. 함부로 말하면 '작가 모독죄'에 걸린다.

하나님이 만든 작품을 이러쿵저러쿵 평가하는 것은 하나님을 모독하고 슬프게 하는 행위다. 작가가 다 이유가 있어서 그렇게 만들었는데 작가도 아닌 자가 그 이유를 알까? 절대로 알 수 없다. 그 얼굴에는 그 코가 더 어울린다. 그 모습에는 그 성격이 맞다. 최고의 작가이신 하나님은 다 배려하셔서 각 사람을 만드셨다. 세상에 하나밖에 없는 작품은 '비교 불가'이기 때문에 부르는 게 값이다. 하나님은 한 작품도 실수하지 않으셨다. 따라서 하나님이 만드신 최고의 작품인 인간을 바라볼 때마다 감탄사를 연발하며 인정할 때, 하나님이 기뻐하신다. 절대로 자기 기준으로 비교하여 평가하지 말라. 그 평가가 사람을 우울하고 힘들게 한다.

사람은 서로 다름의 미학을 가지고 있다

하나님은 서로 같은 작품을 한 번도 만드신 적이 없다. 이 세상에 오고 간 수많은 사람들을 포함하여 지금 현존하는 사람들과 이후로 탄생될 아기들까지 다 다르다. 외모와 기질도, 능력과 재능도 다 다르다. 지도력과 영성의 색깔도 다르다. 다르지 않은 것이 하나도 없다. 서로 다른 것은 틀린 것이 아니라 아름다운 것이다. 우리의 비극이 여기에 있다. 서로 다른 것을 틀렸다고 싸운다. 싸우다보면 고쳐지지도 않고 아프기만 하다. 삶의 방식도 기질에 따라 다르다.

애니어그램에서는 사람을 장형(행동형), 가슴형(감정형), 머리형(지성형)의 세 유형으로 나눈다. 그 유형에 따라 어떤 일에 대한 반응이 각각 다르다. 우리가 서로 '다르다'는 것은, 자신에게서는 볼 수 없는 부분을 보여주고 할 수 없는 것을 할 수 있도록 돕는 아름다움이다. 그 아름다움은 서로 돕고 채워줄 때 더욱 빛나게 된다. 그러나 서로 '틀렸다'고 공박하기 시작할 때, 행복은 저만치 달아난다. '틀리다', '맞다'는 진리를 분별할 때만 쓰는 말이다. 진리 이외에는 '틀리다'와 '맞다'가 아무 소용이 없다. 서로 다른 입장은 보는 시각과 위치 그리고 기질이 같지 않음에서 비롯된다. 너와 내가 서로 다른 입장을 취할 수 있다. 보고, 느끼는 것이 서로 다르기 때문이다. 서로 다름은 서로를 보완하며 도와주는 아름다움이다. 서로 다름에 대하여 새로운 눈을 뜰 때, 사람은 더욱 아름답고 사랑스럽게 보인다. 완벽하게 서로 다르게 지음 받았는데, 어찌 비교하고 평가할 수 있을까? 서로 다르게 만들어진 한 사람 한 사람을 '하나님은 보배롭고 존귀하게' 여기신다. 하나님은 자신이 만든 작품인 우리를 바라만 보아도 흐뭇해하시고 좋아하신다.

사람은 죄의 바이러스에 완전히 망가진 존재다

아프리카 케냐에 처음 갔을 때 제일 먼저 한 일은, 선교사 자녀가 입원했다는 병원을 찾은 일이다. 말라리아에 걸려서 사경을 헤매고 있었다. 참으로 안타까운 상황이었다. 모기에 의하여 전염되는 말라리아에 걸리면 많은 사람이 생명을 잃게 된다. 오늘날에도 각종 바이러스들이 우리를 위협하고 있다.

아르헨티나 남단 끝에 칼라파테(Calafate)라는 작은 마을이 있다. 그곳에서 가까운 곳에 빙산이 있다. 30킬로미터 혹은 60킬로미터나 되는 빙산들이 서서히 밀려와 무너지는 장면을 보았다. 천둥 소리보다 더 큰 소리를 내며 계속해서 무너져 내리고 있었다. 놀라운 사실은 그 과정에서 새로운 질병 바이러스들이 생긴다는 것이다. 얼음 속에 갇히어 있던 바이러스들이 퍼지면서 '신종플루' 등 신종 질병을 유발시킨다. 질병을 일으키는 바이러스는 참으로 무섭다.

그러나 바이러스 중에 가장 무서운 것이 '죄의 바이러스'다. 모든 인류는 죄의 바이러스에 오염되고 말았다. 죄의 바이러스에 오염된 한 사람으로 인하여 인류 전체가 오염된 채로 태어나 서서히 죽음을 향하여 달린다. 죄의 바이러스에 걸려들지 않은 사람은 단 한 사람도 없다.

"의인은 없나니 하나도 없으며 깨닫는 자도 없고 하나님을 찾는 자도 없고 다 치우쳐 함께 무익하게 되고 선을 행하는 자는 없나니 하나도 없도다"(롬 3:10~12)

인간이 죄의 바이러스에 오염되면서 완전히 망가진 존재가 되어 버렸다. 교육과 훈련을 통하여 망가진 작품을 고쳐 보려 하였지만 그러면 그럴수록 더 망가지고 만다. 수많은 현인들이 나름대로 책을 쓰고 방법을 제시해 보았지만 자신마저 망가지고 말았다. 도무지 어찌해 볼 수 없는 구제 불능의 인간임을 확인할 뿐이다. 스스로 노력해도 죄의 바이러스에 신음하고 망가지는 자신의 모습을 어찌해 볼 수 없다. 하나님을 만나고 나면 이 실상이 보인다. 죄의 바이러스에 오염되어 죄인의 낙인을 찍고 살아가는 인간은 참으로 불쌍한 존재다. 누가 이 사망의 몸에서 건져낼까. 인간은 예외 없이 타락했다. 선에 대하여 전적으로 무능하다. 선이 무엇인지도 모르고 선을 행할 능력도 없다. 영과 육이 완전히 오염되어 버렸다. 참으로 절망적인 운명에 놓여있다. 자기의 처지가 어떠한가를 깨닫지 못하고, 서로 손가락질하면서 비웃고 있다.

1976년 전라남도 신안군 암태도에 봉사 활동을 간 적이 있다. 온종일 가르치며 전하고 일하면서 한 주간을 보냈다. 겨우 네 시간 정도

자고 종일 열심히 봉사했다. 마을 어귀에 선착장을 보수하고 더럽혀진 개천을 깨끗하게 청소하며 넓혔다. 이 동네 저 동네 사람들을 모아 체육대회를 했다. 어린아이들을 가르치고 마을마다 돌아다니며 전도했다. 마지막 날 저녁에 잠자리에 누웠는데 눕자마자 깊은 잠에 빠져들었다. 그런데 그 밤에 여자 대원들이 살짝 들어와서 남자들의 얼굴에 그림을 그리고 달아났다. 깊은 잠에 빠져 아무도 그림을 그리는 줄 몰랐다. 아침에 일어나 보니 서로 손가락질을 하면서 웃고 있는 것이 아닌가. 얼마 후에 거울을 보니 내 모습은 더욱 형편없이 망가져 있었다. 자기 모습을 보고나니 다른 사람을 손가락질할 이유가 없었다. 자기 얼굴에 묻은 것을 씻어 내는 일이 급선무였다. 하지만 잘 닦아지지도 않았다. 이 모습이 죄로 망가진 인간의 모습이다. 서로 더럽다고 손가락질하고 살지만, 아직 자신의 모습을 보지 못했기 때문이다.

　나도 하나님을 만나기 전에는 똑같은 삶을 살았다. 냄새도 나지 않고, 죄도 없는 깨끗한 사람인 줄 알았다. 그래서 고개를 들고 떳떳하게 거리를 활보하며 다녔다. 내 모습이 전혀 보이지 않았기 때문에, 전혀 자신을 모르고 살았다. 주님 앞에서 그분을 만난 날, 성경의 거울 앞에 비친 나의 모습을 보고 놀라지 않을 수 없었다. 완전히 망가지고 냄새나는 일그러진 모습이었다. 너무 부끄럽고 쥐구멍이라도 있으면 숨고 싶은 심정이었다. 다른 사람에게 이러쿵저러쿵 간섭할 처지가 못 되었다. 이처럼 하나님을 만난 사람만이 인간의 실상을 볼 수 있다.

사람은 긴급히 구조되어야 할 존재다

바다에 빠져서 허우적거리는 사람을 그냥 두면 죽고 만다. 저들은 긴급히 구조되어야 할 대상이다. 해마다 여름이 되면 수십 수백 명의 사람들이 물에서 목숨을 잃는다. 물놀이를 하다가 그만 물에 빠져 나오지 못하고 죽는 것이다. 잘 아는 선후배나 이웃 중에도 물살에 휩쓸려 죽은 사람들이 있다. 혹은 물에 빠져 죽어가는 사람을 살려내고 자기는 힘이 모자라 죽은 사람들도 있다.

1985년에 개척교회를 할 때였다. 새벽기도회에 가려고 집을 나섰는데 술 취한 사람이 철도 위에 누워 자고 있는 것이 아닌가. 잠시 후면 기차가 올 시간인데! 새벽기도 하는 일이 아무리 급하고 중요한 일이라 하더라도 지금 기차에 치여 목숨을 잃을 위험에 처한 이 사람을 살려내는 것이 더 긴급한 일로 느껴졌다. 술 취한 사람은 참으로 무겁다. 의식을 잃고 잠들어 있기 때문에 혼자 힘으로는 잘 움직여지지도 않는다. 젖먹던 힘까지 내어 간신히 옮겨 놓자마자 기차가 오는 소리가 들렸다. 참으로 아찔한 순간이었다.

알고 보면 모든 인간도 이와 같다. 저들은 한결같이 긴급히 구조되어야 할 존재들이다. 저들을 끌어 내지 않으면 영원한 멸망에 빠져든다. 그러기에 불 속에라도 들어가서, 물 속에라도 들어가서 구조하는 일에 동참해야 한다. 긴급히 구조해야 할 인간을 건져 내기 위해 하나님이 인간의 몸을 입고 이 땅에 뛰어드셨다. 자기 몸을 돌볼 겨를도 없이 구원의 길을 십자가 위에 열어 놓고 자기의 생명은 죽음에 내려놓았다. 이곳 저곳에 구조되어야 할 사람들의 아우성이 들려온다.

04
하나님이 보내신
유일한 구조선인 교회

　사람의 실상을 본 자들은 하나님이 이 땅에 교회를 세우신 이유를 알게 된다. 노아 시대에 홍수의 심판에서 건져 내고자 방주를 지으라고 하셨다. 방주는 홍수의 심판을 피할 수 있는 유일한 장소이다. 물로 세상을 심판하는 중에도 방주에 들어오면 살 수 있다. 방주에 들어오는 길 외에 다른 길은 없다. 노아는 120년 동안 방주를 지었다. 당장 비가 올 징조가 보이지 않아도 우직하게 순종했다. 방주를 지으면서도 동네에 나아가 방주에 들어오라고 전도했다. 결국은 방주에 탄 노아의 가족 여덟 명은 그 엄청난 홍수 심판 속에서도 구원을 받았다.
　교회도 이와 같다. 지금 인간은 영원한 멸망으로 끌려가고 있다.

그냥 내버려 두면 희망이 없다. 저들을 건져낼 구조선이 필요하다. 그 구조선이 바로 하나님이 예수 그리스도의 터 위에 세우신 교회다. 예수 그리스도를 구주와 주님으로 고백하는 터 위에 교회가 세워졌다. 그 교회는 주님의 교회다. 그 교회를 살아 움직이는 교회로 생명을 불어넣으신 이가 성령이시다. 성부·성자·성령 하나님이 세우신 교회는 인간을 구원하라고 보내신 유일한 구조선이다. 이 구조선의 선장은 예수 그리스도시다. 세상에 존재하는 모든 사람은 이 구조선으로 긴급히 옮겨 타야 한다. 시간이 없다. 긴급하게 구조선에 옮겨 타야 갑자기 임하는 죽음의 파도를 극복할 수 있다. 죽음의 파도를 헤치고 소망의 항구에 다다를 수 있다.

파도 속에 도착한 구조선

1991년 봄 백령도에 군함을 타고 간 적이 있다. 잔잔하고 푸른 바다 위를 노래를 부르며 갔다. 얼마나 잔잔하던지 군함이 미끄러지듯 물결을 갈랐다. 기대감과 설레는 행복감에 젖어 백령도에 도착했다. 백령도의 백사장과 색깔 있는 돌이 너무 아름다웠다. 가깝게 보이는 북녘 땅을 바라보며 야릇한 마음이 들었다. 바로 저편도 내 조국인데 왜 그리 멀어졌을까. 어찌하여 같은 핏줄인 우리 동포끼리 총을 겨누며 살아야 할까. 허리는 동강 난 채 상처를 안고 신음하는 내 조국의 현실을 바라보며 서글픈 마음이 들었다. 삼 일 동안 백령도를 구경하고 인천항으로 향하던 날, 서해의 중간 지점에서 큰 풍랑을 만났다. 바다에 익숙한 해병들도 얼굴이 노랗게 질려 버렸다. 우리가 타고 있던 군함은 무서운 파도를 당해낼 수 없었다. 얼마나 이리저리 흔들어 대던지 하늘이 노래졌다. 이곳저곳에서 토하는 사람들이 눈에 띄었다. 남녀가 빈 통에 얼굴을 쳐 박고 토해 봐도 속이 뒤틀리는 것을 어찌할 수 없었다. 침대에서 사다리를 타고 올라오려고 하다가 갈비뼈가 부러진 사람도 있었다. 부부간에도 어떻게 도와 줄 수가 없었다. 반은 초주검이 되어 오도 가도 못하는 바다 한가운데서 모두가 두려워 떨고 있었다. 차라리 바다 속에 뛰어 들어 견디기 힘든 고통을 면하고 싶은 심정이었다. 뱃멀미가 고통스럽다는 것을 그때 처음 경험했다. 바다 한가운데서 사투를 벌이고 있는데 기쁜 소식이 전해졌다. 우리나라에서 세 번째로 큰 군함이 구조하러 온다는 소식이었다. 죽고 싶은 생각이 사라지고 희망이 생겼다. '조금만 더 참고 기다려 보자.' 희망이 생기니 온 몸을 뒤흔드는 뱃멀미를 어느 정도 견딜 수 있었다. 얼마 후 정말 큰 군함이 보였다. 큰 군함이 가까이 다가서는데 파도가 두 배를 휙 갈라놓았다. 한 시간 넘게 도킹(접근하여 결합하는 일)을 시도해 보지만 배가 붙으면 파도가 또 갈라놓아 큰 군함으로 옮겨 탈 수가 없었다. 참으로 안타까운 시간이 흘렀다. 작은 군함과 큰 군함이 도킹할 수 있는 곳으로 파도를 헤치며 항해를 계속했다. 다시 도킹을 시도했고 겨우 닻줄을 서로 연결하여 묶었다. 그 순간 배로 옮겨 탈 수 있을 만큼 거리가 좁혀졌다. 한 사람, 두 사람 간신히 옮겨 타기 시작했다. 비록 시간은 많이 걸렸지만 우리 일행은 다 옮겨 탈 수 있었다. 큰 군함에 옮겨 타니 파도를 얼마든지 헤치고 갈 수 있었다. 별로 흔들리지도 않았다. 그 큰 군함은 우리를 구하러 온 구조선이다. 그 구조선에 옮겨 탈 수 있어서 지금까지도 살 수 있게 된 것이다.

하나님은 흔들리는 터전에서 고통스럽게 살아가는 사람들을 구원하려고 구조선인 교회를 세우셨다. 누구든지 구조선인 교회로 옮겨 타면 멸망하지 않고 영생을 얻게 된다. 더 이상 세상에서 방황하고 흔들리며 살지 않는다. 죽고 싶은 생각도 사라진다. 예수님이 이 구조선의 선장이기 때문이다. 이 배는 우주적이어서 크고 넓다. 아무리 많은 사람이라도 다 태울 수 있다. 저들을 가득 싣고 소망의 항구까지 안전하게 갈 수 있다. 더 이상 머뭇거리지 말고 구조선인 교회에 옮겨 타도록 도와야 한다. 먼저 구조선에 옮겨 탄 사람들은 최선을 다하여 한 사람이라도 더 옮겨 실어야 한다.

타이타닉호가 동강이 난 채로 물속에 빠져들어 갈 때 작은 구조선이 여러 사람을 살려냈다. 그 구조선의 선원은 한 사람이라도 더 살려내기 위하여 소리치며 이곳저곳을 돌았다. 많은 사람들은 구조선에 옮겨 타지 못하고 바다에서 얼어 죽었다. 많은 사람은 극적으로 구조선에 옮겨 타서 생명을 건져 냈다. 생명을 건진 사람들의 생생한 증언으로 타이타닉 영화를 촬영할 수 있었다.

세상에는 긴급히 구조 받아야 할 사람들로 가득하다. 저들을 건져낼 유일한 구조선은 교회뿐이다. 예수님의 피 값을 지불하고 사신 교회, 성령의 권능으로 살아 움직이며 시작된 교회, 하나님의 사랑이 가득 부어진 교회만이 사람들을 구조할 수 있다. 사람들을 구조할 수 있는 기능이 있는 교회가 이 땅을 살린다. 곧 교회의 구실을 제대로 하고 있는 것이다. 절망의 늪에 빠져 있는 이 세상 사람들을 구조할 힘이 없는 교회, 그런 준비가 없는 교회는 겉모양만 교회이지 진정으로 살아있는 교회는 아니다.

교회의 또 다른 얼굴들

사람들을 구조하는 교회의 모습 외에도, 여러 중요한 역할을 감당하는 다양한 얼굴들이 있다. 교회의 또 다른 얼굴, 그 첫 번째는 '에클레시아'라는 단어로 설명된다.

에클레시아는 세상에서 부름 받아 같은 믿음을 고백하는 거룩한 무리들의 모임을 뜻한다. 하나님의 백성으로서 교회는 예수님이 부활하신 후에 그를 하나님의 아들이요 그리스도로 고백하는 사람들이 나타나면서 시작되었다. 그들은 흑암의 권세에서 건진 바 되어, 그의 사랑하시는 아들의 나라로 옮겨진 구원받은 새로운 무리들이다. 이 사람들을 교회라 하고, 사람들이 모인 건물을 교회당으로 부른다. 그러니까 성도들을 교회라 부르는 것이다. 베드로전서 2장 9절에서는 이렇게 말하고 있다.

"그러나 너희는 택하신 족속이요 왕 같은 제사장들이요 거룩한 나라요 그의 소유가 된 백성이니 이는 너희를 어두운 데서 불러 내어 그의 기이한 빛에 들어가게 하신 이의 아름다운 덕을 선포하게 하심이라 너희가 전에는 백성이 아니더니 이제는 하나님의 백성이요 전에는 긍휼을 얻지 못하였더니 이제는 긍휼을 얻은 자니라"(벧전 2:9-10)

하나님의 교회는 완전한 곳이지만 지상 교회는 사람들이 모인 공동체이기에 아직도 미완성이다. 아직도 부족한 점이 많고 허물도 있다. 그러나 그 부족한 부분을 계속 채워 주며 인도해 주시는 성령께서 함께 하신다. 천상의 교회로 인도될 때까지 숙제로 남아있는 연약함을 서로 채워가고 도와주며 보충해 나아갈 때, 교회는 든든히 세워져 갈 것이다.

교회의 또 다른 얼굴, 두 번째는 '그리스도의 몸'으로 표현된다. 이는 교회를 가장 잘 표현한 말이라 할 수 있다. 교회는 그리스도의 몸이요(엡 1:23), 머리는 그리스도시다(골 1:18). 성도 개개인은 몸의 각 부분인 지체에 해당한다. 그리스도의 몸 된 교회는 머리 되시는 예수님의 통제를 받아 움직인다. 머리의 통제에 따라 움직이는 몸이 건강한 몸인 것처럼, 예수님의 말씀에 따라 세워지고 움직이는 교회가 건강한 교회의 구실을 다하고 있는 것이다. 성도와 성도 사이는 유기적으로 연결되어 있다. 생명과 생명의 줄로 연결되어 있어 서로 분리될 수 없는 관계다. 기계나 건물은 서로 분리되어도 별 문제가 없지만 사람의 몸은 분리되는 순간 의미를 잃어버린다. 몸으로부터 분리된 지체는 죽은 것이요, 또 다른 모습으로 변해 버린다.

교회는 머리되시는 그리스도에게 붙어있어야 진정한 교회다. 성도는 단순히 조직체로 붙어있는 관계가 아니라 생명체로 연결된, 분리할 수 없는 관계다. 이 땅에 보이지 않는 하나님의 교회는 하나이다. 무형의 교회인 그리스도의 몸은 하나뿐이다. 물론 지역교회, 보이는 교회당은 수없이 많다. 우리가 일시적으로 공간을 서로 달리하고 있지만 하나님 나라의 영원한 백성과 자녀로서의 교회는 단 하나이다. 하나 된 교회로서 서로 연합하고 동거함이 아름답다. 연합하여 세워지는 교회에 하나님은 복을 주신다.

교회의 또 다른 얼굴, 세 번째는 '그리스도의 신부'로 표현된다. 예수님은 신랑이시요, 교회는 그의 신부이다. 이 땅에 다시 오실 예수님은 신랑의 자격으로 오신다. 신랑을 맞이할 수 있는 대상은 등불을 준비하고 깨어있는 신부뿐이다. 그 신부가 바로 교회이다. 교회 속에 있는 이들만이 그 날에 신랑을 맞이할 수 있다. 따라서 신랑을 맞이할 수 있는 그리스도의 신부 된 교회로 준비되어야 한다.

막내 여동생이 미국에서 공부 중인 한 남자를 소개받았다. 한 번도 만나 보지 못했고 사진조차 보지 못했다. 다만 전화번호만 알 뿐이었다. 그 전화번호로 여러 번 통화를 하였다. 낮과 밤이 서로 다른 곳에서 서로 주거니 받거니 일곱 시간 넘게 통화한 적도 있었다. 그러던 중에 사진 한 장을 받았다. 저들은 서로 마음이 통했는지 결혼하기로 약속을 했다. 어느 날 결혼 날짜를 잡고 신랑이 비행기를 타고 왔다. 며칠 후에 결혼식을 마치고는 신부만 데리고 비행기를 탔다. 다른 사람은 소용없다. 신랑에게 필요한 사람은 신부뿐이다. 교회는 신랑 되시는 예수님의 신부이다. 따라서 자신을 깨끗하게 준비하고 기다리는 교회만이 신랑 되신 예수님을 맞이할 수 있다.

교회의 또 다른 얼굴, 네 번째는 '하나님의 밭, 하나님의 집, 성전'으로 묘사된다.

> "너희는 하나님의 밭이요 하나님의 집이니라"(고전 3:9)
> "너희는 너희가 하나님의 성전인 것과 하나님의 성령이 너희 안에 계시는 것을 알지 못하느냐 누구든지 하나님의 성전을 더럽히면 하나님이 그 사람을 멸하시리라 하나님의 성전은 거룩하니 너희도 그러하니라"(고전 3:16-17)

교회는 하나님의 말씀의 씨앗이 뿌려지는 하나님의 밭이다. 하나님의 밭에 뿌려진 생명의 씨앗인 하나님의 말씀은 교회 속에서 뿌리를 내리고 자라나서 많은 열매를 맺게 된다. 교회는 하나님의 말씀의 씨앗이 뿌려지는 옥토가 되어야 한다. 옥토에 뿌려진 씨앗은 30배, 60배, 100배의 열매를 맺게 된다. 교회는 하나님이 거하시는 하나님의 집이다. 교회에서 우리는 하나님을 만난다. 그 하나님께 예배하고 영광 돌린다. 교회에 계신 하나님께 간절히 기도한다. "내 집은 만민이 기도하는 집이라"(막 11:7)고 주님은 말씀하셨다. 기도는 하나님 아버지께, 예수 그리스도를 통해서 한다.

또한 교회는 성령이 거하시는 성전이다. 하나님의 성전은 거룩한 영이 거하시는 거룩한 곳이다. 언제나 성령이 미무르시도록 성전으로서의 역할을 온전히 감당하는 곳이 되어야 한다.

교회가 이 땅에 존재하는 목적

교회에는 여러 가지 얼굴과 모습들이 있듯이, 이 교회가 이 땅에 존재하는 목적도 몇 가지로 나누어 볼 수 있다. 교회는 하나님의 영광을 위해서, 곧 하나님 자신을 위해 존재한다. 또한 교회는 그 자체를 위해서 존재한다. 그리고 세상을 위해 이웃을 위해 존재한다.

먼저 교회는 하나님 자신을 위해서 존재한다. 하나님께 예배하고 찬송하기 위해 존재하는 것이다. 특히 예배는 하나님이 우리를 만나시고자 열어 놓으신 시간이다. 하나님은 예배를 통해 성도가 하나님을 하나님으로 인정할 때 기뻐하시고 영광을 받으신다. 하나님의 백성은 한 몸을 이루어 머리되신 그리스도를 통해서 그들 자신을 하나님이 기뻐하시는 산 제물로 드리는 거룩한 제사장이 된 것이다. 제사장이 하는 최고의 사명은 영과 진리로 하나님께 예배하는 일이다. 예배를 통하여 살아계신 하나님과의 만남이 있어야 한다. 찬송을 통해서 만나고 말씀을 통해서 만난다. 기도를 통해서 만나고 드림을 통해서 하나님과 만난다. 전통적인 틀에 매이지 말고 열린 마음으로 하나님께 나아가 거리낌 없이 하나님을 만나면 모든 문제가 해결된다. 상처가 치유되고 과거의 불행도 끝난다. 더 좋을 수 없을 만큼 기쁘고 행복해진다.

예배는 사람이 하나님께 드릴 수 있는 최고의 행위이다. 하나님께 최상의 가치를 돌리는 것을 의미한다. 시편 기자의 말대로 "그의 이름에 합당한 영광을 돌리는 것"(시 29:2)이다. 예배는 우리에게 값없이 구원을 선물로 주신 하나님께 나아가 전인격적인 감격 속에서 감사와 보답의 표현을 하는 것이다. 하나님이 우리를 만나주시겠다고 부르시는 시간에 인간이 적극적으로 응답하는 시간이다.

둘째로 교회는 교회 자체를 위해 존재한다. 교회에는 말씀, 기도, 성도의 교제가 필요하다. 말씀과 기도, 성도의 교제를 통하여 사람들을 양육하고 훈련하여 세워줄 때, 교회 자체를 지탱할 수 있다. 교역자를 세우신 목적은 성도를 온전케 하기 위함이다. 성도를 온전케 하여 봉사의 일을 하게 하며, 그리스도의 몸된 교회를 세우게 하기 위함이다. 모든 성경은 하나님의 감동으로 된 것으로 교훈과 책망과 바르게 함과 의로 교육하기에 유익한 책이다. 성도는 말씀을 통하여 잘 양육되고 훈련하여야 하나님의 사람으로 온전케 되며 모든 선한 일을 행할 능력을 갖추게 된다. 제자훈련, 성경공부를 통하여 영적 양식이 공급되어야 교회가 건강하게 세워진다.

영적인 호흡인 기도의 불씨가 있어야 악한 영의 침입을 막을 수 있다. 교회에 기도의 불이 꺼지면 위험하다. 언제 사탄이 공격하여 무너뜨릴지 모른다. 따라서 기도로 교회를 지켜야 한다. 성도의 교제는 교회가 살아있는 유기체로서의 역할을 제대로 할 수 있게 도와준다. 성도의 교제는 우리 주 예수 그리스도와 함께한 교제다. 이 교제는 서로의 부족함을 소리 없이 채워준다. 누구나 약점이 많고 부족함과 연약함이 남아있다. 그것을 서로 채워주는 성도의 교제가 교회를 교회답게 한다.

셋째로 교회는 세상을 위하여 존재한다. 세상을 섬기며 구원하기 위해 교회가 이 땅에 존재하는 것이다. 세상을 섬기는 봉사와 세상을 구원하는 전도가 교회의 존재 이유이다. 교회는 주님께로부터 많은 것을 받았다. 주님은 교회에 많은 은사를 주셨다. 놀라운 영생과 구원을 선물로 주셨다. 부요와 권세도 주셨다. 그 이유가 무엇일까? 곧 섬기고 나누라고 주셨다. 섬기고 나누면 더 주신다. 그래서 하나님이 공급하시는 힘으로 봉사하게 하신다. 그 능력으로 섬기면 힘이 들지 않는다. 봉사하고도 불평하거나 공치사하지 않게 된다.

우리의 큰 스승이신 예수님도 가장 낮은 자리에 내려가셔서 섬기는 삶을 사셨는데 우리가 세상 사람들을 섬기지 못할 이유가 없다. 저들을 잘 섬기고 나눔으로 마음이 열리게 한 후 복음을 전해야 한다. 바로 이 일을 위해 교회가 이 땅에 있다. 복음 전도의 미련한 것으로만 저들을 구원해 낼 수 있기 때문이다. 예수 그리스도의 사람들은 누구나 왕 같은 제사장이다. 성도가 할 수 있는 가장 큰 봉사는 복음을 전하여 하나님이 세상을 구원하시는 일에 동참하는 것이다. 그리스도의 증인으로서 때를 얻든지 못 얻든지 항상 복음을 전해야 한다. 이를 위해 우리를 제사장으로 삼으신 것이다.

"이는 너희를 어두운 데서 불러 내어 그의 기이한 빛에 들어가게 하신 이의 아름다운 덕을 선포하게 하려 하심이라"(벧전 2:9)

세상을 탓하거나 욕하지 말자. 세상을 건져내야 할 책임이 교회에 있다. 그 책임을 다하기 위해 이 땅에 교회가 세워졌다.

건강한 교회 세우기가 먼저

교회의 고유한 목적과 사명을 달성하기 위해서 무엇보다 필요한 것이 '교회의 건강'이다. 개인이나 교회도 건강해야 쓰임 받을 수 있다. 큰 교회 작은 교회의 문제가 아니다. 건강한 교회인가 병든 교회인가가 중요하다. 아무리 교회가 커도 병들어 버리면 아무 일도 할 수 없고 사람들에게 짐만 된다. 자기 건강도 유지할 수 없으니 다른 사람을 도울 수도 없다. 교회도 건강검진을 하여 병든 부분이 있다면 속히 고치고 보완해야 한다. 건강한 교회만이 주어진 사명을 잘 감당할 수 있고 세상에 좋은 영향력을 끼치게 되기 때문이다. 그렇다면 어떠한 교회가 건강한 교회일까?

첫째, '열려있는 교회'가 건강한 교회다. 요한계시록에는 소아시아 일곱 교회 중 하나인 빌라델비아 교회 앞에 열린 문을 두었다고 언급한다. '열려있다'는 말은 개방성을 뜻하는데 대부분 긍정적으로 사용한다. '닫힌 교회', '닫힌 나라', '닫힌 사고방식'에는 소망이 없다. 주님이 빌라델비아 교회의 문을 열어주셨다. 기회의 문을 열어 주시고, 전도의 문을 열어 주셨다. 하나님 나라 관점에서 서로 협력할 수 있도록 열려 있어야 한다. 개교회주의적인 이기적 신앙으로는 곤란하다. 열린 문을 두면 서로 협력할 수 있으며, 협력할 수 있는 교회라야 건강한 교회이다.

필요중심적 전도도 열린 교회의 특징이다. 교회중심적 전도가 아닌 상대방 중심적 전도, 즉 눈높이 전도를 말한다. 교회의 담이 너무 높고 교회 중심적인 전도를 하면 많은 사람을 잃게 된다. 상대방 수준으로 내려가 저들과 동류가 되어 공통점을 찾아내고 서서히 주님께로 인도하는 전도 방법을 택해야 한다. 곧 '관계전도'처럼 말이다. 관계전도를 통해 분위기를 무르익게 하고 분위기가 무르익었을 때에 복음을 전하는 것이다.

열정적인 영성, 영감 있는 예배도 열려있는 교회의 건강한 특성이다. 첫사랑이 식지 않고 뜨겁게 기도하여 늘 하나님의 살아계심을 체험하고 기도의 응답을 경험한다. 영감 있는 예배를 통해서 살아 계신 하나님을 만나는 감격을 누리며 신앙생활하는 교회가 건강한 교회다.

둘째, '평신도와 함께 하는 교회'가 건강한 교회다. 교회의 99퍼센트에 달하는 평신도를 깨워 훈련하고 저들에게 사역을 분담하여 함께하는 교회가 건강한 교회. 저들을 일꾼으로 세우고 일을 맡기려면 예수님의 제자로 훈련하여 세워주는 일에 열정을 다 쏟아 부어야 한다. 제자는 태어나는 것이 아니라 훈련으로 만들어진다. 평신도들을 훈련한 후, 감당할 수 있을 만큼 일을 맡기고 권한을 부여하여 리더십을 발휘하게 한다. 훈련하는 이유는 사역을 맡기기 위함이다. 훈련되지 못한 사람에게 일을 맡기면 일을 그르치게 된다. 감당할 힘이 모자라기 때문에 스스로도 지쳐 버린다. 권한을 독점하는 지도력은 건강하지 못하다. 권위주의적이고 지배하는 리더십은 교회를 무너지게 한다. 권위적인 아버지 노릇을 하려는 사람이 많은 교회는 건강하지 못하고 아무 일도 할 수 없다.

모든 평신도는 은사를 계발하고 활용할 때 기쁨으로 봉사하고 행복해진다. 신앙이 크게 성장하고 성숙해진다. 일감이 없는 평신도는 건강하지 않으며 교회의 구경꾼이 되기 쉽다. 구경꾼이 많으면 교회 건강에 적신호가 들어온다. 구경꾼을 줄이고 일꾼이 늘어나야 건강한 교회로 세워진다. 건강한 교회는 교역자와 평신도가 하나 되어 일한다.

셋째, '자라나는 교회'가 건강한 교회다. 건강하면 쑥쑥 잘 자라난 이다. 자라나려면 그냥 저절로 되는 것이 아니다. 양식이 있어야 하고 돌보는 자가 필요하다. 본인 스스로도 자라나려는 강력한 의지가 있어야 자라난다. 교회도 저절로 자라나지 않는다. 자라나게 하려면 잘 양육해야 한다. 영적 양식을 먹여주고 기도의 호흡이 중단되지 않도록 도와주어야 한다. 호흡이 멈췄다면 인공호흡을 통해서라도 호흡할 수 있도록 도와줘야 살아날 수 있고, 살아나야 잘 자라난다. 그런 다음 균형 잡힌 성장을 하도록 종합적인 시각과 훈련이 필요하다. 예수님의 어린 시절처럼 '전인성장'(全人成長)을 해야 한다. 예수님은 지혜와 키가 자라가며 하나님과 사람에게 더욱 사랑을 받으셨다. '영적 성장'을 중심으로 질적 성장과 양적 성장 그리고 사회적 성장이 균형 잡힐 때, 하나님께 사랑받는 '전인성장'을 이룰 수 있다.

또한 전인적 소그룹에서 어떤 일이나 힘든 것도 거리낌 없이 서로 나눌 수 있는 교회가 건강하다. 사람은 7~8명 정도 친한 친구가 있으면 그 공동체를 떠나지 않는다. 전인적인 소그룹에서 마음을 열리면 웬만한 문제는 다 해결 받을 수 있다. 건강한 교회는 작은 모임(구역모임, 제자훈련, 성경공부 등)이 활성화되어 있다.

넷째, '유기체적인 교회'가 건강한 교회다. 교회는 머리되신 예수님께 성도들이 붙어 있도록 도와준다. 사랑의 관계, 생명의 끈으로 연결되어 있는 것이 교회이다. 사랑의 관계가 깨어진 교회는 '분파싸움'만 남는다. 서로 싸우다가 허약해진 채로 버려진다. 유기체적인 교회에는 '사랑의 관계'가 돈독히 유지된다. 그 관계가 깨지지 않고 계속해서 좋은 관계로 남아있다. 기능적인 조직이 잘 되어 효과적으로 힘을 모아 사역하며 서로 힘을 얻는 교회가 건강한 교회의 모습이라는 것을 기억해야 한다.

2부
제자의 소명(召命)

05
내말을 대언하라 저들이 살리라

태국의 피피(Phiphi)섬을 쓰나미가 쓸고 간 적이 있다. 몇 개월 후 그곳을 가보았더니 처참한 흔적이 그대로 남아 있었다. 수많은 사람들이 쓰나미에 쓸려 생명을 잃고 말았다. 참으로 안타까운 순간이었다. 생각만 하여도 가슴이 아프고 저려온다. 그때 한 어린아이는 쓰나미가 밀려올 것을 감지하고 이집저집을 돌아다니며 사람들을 깨웠다. 100명을 깨워 산으로 피신시켰다. 그 아이가 100명의 생명을 구한 것이다. 그 해에 인권상은 이 아이가 받았다. 얼마나 대견한 일인가! 쓰나미에 쓸려 가면서도 산 사람들이 있다. 산으로 피신하고, 배에 타고 있었던 사람들은 살았다. 배에 탄 사람들은 갑자기 배가 파도를 따라 50-60미터 솟아 올라가더니 뚝 떨어졌는데도 무사했다는 것이다.

지구는 여러 가지 요인으로 불안하다. 우리가 살고 있는 터전에 언제 어떤 일이 일어날지 아무도 알 수 없다. 불행한 것은 우리도 언젠가 쓰나미처럼 밀려오는 죽음의 그림자 앞에 서게 될 것이란 점이다. 참으로 안타까운 현실이다. 매일매일 수많은 사람들이 죽음의 쓰나미에 쓸려가고 있다. 삶의 현장에서 마지막 숨을 거두고 세상을 떠나가는 사람들을 본다. 가까이는 나의 가족 중에서 이미 여러 사람이 세상을 떠났다. 할아버지, 할머니는 물론 아버지, 어머니도 세상을 떠났다. 동생도 갔다. 삼촌과 큰고모도 세상을 떠났다. 나는 목회 현장에서 수많은 성도들을 먼저 보내야 한다. 마지막 숨을 몰아 쉬며 눈을 감을 힘도 없이 죽어간 분도 있었다. 힘들게 숨을 쉬며 간신히 심장의 박동을 이어가다 끝내 모든 것이 다 풀려 버리고 만 것이다. 사람은 그렇게 간다. 누가 이 거대한 인생의 흐름을 거역할 수 있나? 그 누구도 막을 수 없다. 잘난 사람, 부자, 현인, 영웅, 군왕 그 누가 막을 수 있었나? 진시황의 불로초도 소용없었고, 한무제의 아침이슬도 소용이 없었다. 그 어떤 장군의 젊은 피도 죽음을 막을 수 없었다.

거듭나면서 보게 된 환상

처음 주님을 만날 때였다. 말씀과 부딪히면서 한없이 회개하고 나니 예수님이 '나의 구주, 나의 주님'으로 믿어졌다. 성경말씀이 의심 없이 믿어졌다. 분명 물과 성령으로 거듭나는 순간이었다. 거듭나는 순간 너무 기뻤다. 행복했다. 사람들이 너무 사랑스럽게 느껴졌다.

온 세상에 희망이 가득해 보였다. 황홀한 구원의 감격이 가슴을 벅차게 했다. 그 순간, 보이는 것이 있었다. 믿지 않고 있던 아버지와 가족들, 친척들, 친구들, 이웃들의 모습이 살아있는 생명체가 아닌 에스겔이 본 골짜기의 마른 뼈, 해골 떼로 보였다. 움직이고 있었지만 생명이 없었다. 참으로 끔찍한 광경이었다. 그때 나는 한없이 울었다. 그리고 하나님께 여쭈어 보았다. "저들을 어찌해야 합니까?" 그때 하나님은 말씀하셨다. "내 말을 대언하라. 그리하면 저들이 살리라." "제가 어떻게 대언할 수 있어요?" 하고 다시 여쭈었을 때, 하나님은 길을 알려주셨다. 말씀을 대언할 수 있는 길이 있었다. 그것은 주님의 말씀을 전하는 주의 종이 되는 것이었다. 그때 하나님의 부름을 받고 사명까지 받은 것이다. 그리고 목회자가 되기 위해 신학 대학을 가기로 결단하였다. 이전에는 한 번도 생각해 본 적이 없었다. 오직 법학을 하여 이 어려운 삶의 현실을 극복하고 출세하여 살기를 원하는 마음뿐이었다. 그런데 하나님은 나의 인생을 송두리째 바꿔 주셨다. 조금도 주저함 없이 결단하고 준비했다. 지금도 들려오는 그 말씀이 잊혀지지 않는다.

"내 말을 대언하라. 그리하면 저들이 살리라."

하나님의 말씀은 생명이다. 살아있다. 능력이 있다. 좌우에 날선 어떤 검보다 더 예리하여 혼과 영과 및 관절과 골수를 찔러 쪼개기까지 한다. 또 마음의 뜻과 생각까지 감찰하는 능력이 있다. 아직도 믿음이 없는 사람은 '영적 죽음' 가운데 있다. 예수님의 생명이 저들 속에 없기 때문이다.

"아들이 있는 자에게는 생명이 있고 하나님의 아들이 없는 자에게는 생명이 없느니라"(요일 5:12)

예수님이 없는 자는 생명 없는 마른 뼈에 불과하다. 저들을 바라보는 안타까움에 복음을 전하지 않을 수 없다. 복음을 전하지 않으면 내게 화가 미칠 것이다. 죽어 가는 저들을 살릴 수 있는 방법을 아는데 그냥 지나친다면 '살인방조죄'에 해당한다. 듣든지, 아니 듣든지 전해야 한다. 오직 '복음의 말씀'을 외칠 때, 듣는 자는 살아난다. 에스겔 선지자는 골짜기의 마른 뼈들에게 하나님의 말씀을 대언했을 때에 그 뼈들이 살아나는 광경을 보았다. 그 뼈들이 살아 큰 군대를 이루었다. 이스라엘의 희망의 빛을 본 것이다. 죽음의 절망 속에 끌려가는 인간들에게도 희망의 빛이 있다.

모든 희망이 복음 안에 있다. 복음이신 예수님 안에 있다. 누구든지 예수님을 믿으면 멸망하지 않고 영생을 얻는다. 죄의 바이러스에 오염된 사람들에게 특효약이 필요하다. 그 특효약이 세상에는 없다. 그 어떤 약품이나 사람의 방법으로 죄의 바이러스를 잡을 수는 없다. 죄의 바이러스를 잡는 특효약은 하나님의 품속에 있다. 하나님의 품속에 있던 독생자 예수 그리스도의 피가 오직 죄의 바이러스를 잡을 수 있는 유일한 백신이다.

나의 죄를 씻기는 예수의 피 밖에 없다. 예수의 피 외에는 죄의 문제를 해결할 다른 방법이 없다. 예수의 피가 죄와 허물로 죽었던 우리를 살린다. 피 흘림이 없으면 죄 사함도 없다. 예수의 보배로운 피가 죄를 없게 한다. 덮어준다. 하나님이 기억하시지 않을 만큼 죄는 지워진다. 동이 서에서 먼 것처럼 멀리 사라지게 한다. 이것이 복음이다. 전도는 복음을 전하여 죽어가는 사람을 살려내는 최고의 행위요 최고의 사명이다. 사도바울의 고백이 저절로 나온다.

"내가 달려갈 길과 주 예수께 받은 사명 곧 하나님의 은혜의 복음을 증언하는 일을 마치려 함에는 나의 생명조차 조금도 귀한 것으로 여기지 아니하노라"(행 20:24)

온 천하보다 귀한 생명을 살리는데 쓰임 받는 일보다 더 크고 귀한 일이 어디에 있으랴.

최고의 사명

초등학교 때, 선생님이 부르시면 기쁨으로 달려갔다. 선생님이 불러주신 것만으로도 자랑스럽게 여겼다. 선생님이 부르실 때, 왜 부르시겠는가? 대부분 심부름을 시키기 위해서다. 어떤 심부름인가? 지우개 털어 와라, 물 떠와라, 청소해라, 옆 반 선생님께 전해줘라, 어항 청소해라 등등. 그러나 그 심부름조차도 자랑스럽게 기쁨으로 받았다. 선생님이 불러주심이 그렇게 자랑스럽고 좋을 수가 없었다.

하나님도 우리를 부르신다. 하나님의 부르심을 '소명'이라고 한다. 하나님이 부르셔서 맡기신 일을 '사명'이라 한다. 하나님이 맡기신 최고의 사명이 무엇인가? 하나님이 우리에게 여러 가지 일을 맡기셨지만, 최고의 사명은 '복음 전하는 일'이다. 하나님은 인간을 향한 한 맺힌 소원을 갖고 계신다. 그 소원을 가시떨기 불꽃 가운데서 보여주셨다.

모세는 자신을 부르신 하나님의 부름 앞에 달려가 보니, 자그마한 떨기나무에 불이 붙었으나 사라지지 않고 계속 타오르는 광경을 볼 수 있었다. 하나님은 타오르는 떨기나무 불꽃 가운데서 모세에게 나타나셨다. 그리고 모세에게 부탁하셨다. "애굽에서 종살이하며 고통과 부르짖음, 근심 가운데 살고 있는 내 백성을 건져내라." 가시떨기 불꽃은 하나님의 심령이 어떠한가를 보여준다. 그 불꽃은 아직도 꺼지지 않고 있다. 이것이 하나님의 마음이다. 인류를 향한 하나님의 마음은 너무 아프고 고통스럽다. 20명 중 19명이 죄의 병이 들어 죽어 가고 있으니 하나님 아버지의 마음이 어떠하겠는가. 20명 중 한 명만 죽어가도 아버지는 살맛이 안 날 정도로 고통스러운 것인데. 복음 없이 죽어가는 수많은 사람들의 울부짖음과 고통, 마귀의 손안에서 놀아나는 저들을 바라보는 하나님의 마음은 한 맺힌 아픔이다. 모세를 불러 "내 백성을 건져내라"고 부탁하신 것처럼 지금 우리에게도 부탁하신다. "내 백성을 건져내라." 저들을 건져내는 길은 오직 '복음을 전하는 방법'뿐이다.

우리는 세상에서 이런저런 일을 하고 산다. 공부도 하고, 돈도 벌고, 직장에도 간다. 과학을 발전시키는 일, 최첨단 기계를 만드는 일, 세상을 편리하게 하는 일, 좋은 가정을 이루어 행복하게 사는 일 등 참으로 우리가 해야 할 일이 많다. 그 모든 일보다 최우선적으로 해야 할 일이 있다. 그것은 하나님의 소원을 들어 드리는 일이고, 우리에게는 사명을 감당하는 일이다. 하나님의 꺼버릴 수 없는 소원, 결코 타고 남은 재를 남길 수 없는 소원, 그 소원은 하나님의 백성 곧 인류를 복음으로 구원하는 일이다.

구원의 길은 하나님이 다 예비해 놓으셨다. 하나님은 자기 품속에 있었던 독생자 예수 그리스도를 이 땅에 보내셔서 십자가 위에서 구원받고 영원히 사는 길을 준비하셨다. 하나님은 모든 사람이 구원을 받으며 진리를 아는데 이르기를 원하신다. 예수님은 십자가 위에서 "다 이루었다" 선포하시고 인류 '구원의 길'을 완성시키셨다. 그분이 이미 다 이루신 것을 믿음으로 받기만 하면 된다. 행위로는 의롭다 함을 얻을 육체가 아무도 없다. 날 때부터 죄인으로 탄생되었다. 죄의 유전인자를 안고 죄인으로 탄생하여 죄를 짓고 산다. 죄에는 권세가 있어 많은 사람들은 죄에 끌려가고 있다. 죄에 끌려가다가 결국은 멸망에 이르게 되는 것이다. 여기서 벗어나게 하여 영원한 천국으로 인도하려는 것이 하나님의 계획이요, 소원이다. 그 소원을 풀어줄 사람이 누구인가? 먼저 믿은 성도들뿐이다. 천사도 할 수 없는 일이다.

복음을 전하여 저들을 멸망에서 구원할 수 있는 것은 성도들의 몫이다. 이 일이 얼마나 긴급하고 중요하면 예수님도 승천하시면서 유언하다시피 하셨을까.

> "너희는 온 천하에 다니며 만민에게 복음을 전파하라"(막 16:15)
> "그러므로 너희는 가서 모든 민족을 제자로 삼아 아버지와 아들과 성령의 이름으로 세례를 베풀고"(마 28:19)
> "오직 성령이 너희에게 임하시면 너희가 권능을 받고 예루살렘과 온 유대와 사마리아와 땅끝까지 이르러 내 증인이 되리라 하시니라"(행 1:8)

하나님의 심정, 예수님의 마음이 동일하다. 전도하여 생명을 건지는 일이 최고의 사명이다. 더는 주저하거나 내일로 미룰 수 없다. 지금 해야 한다. 내가 세상 떠나기 전 한 사람이라도 더 건져 내야 한다. 그 사람이 세상 떠나기 전에 건져 내야 한다. 내일로 미룰 수 없는 긴급한 일이다. 가장 긴급한 일이 전도이다.

눈높이 전도

세상에 소중하지 않은 사람은 단 한 사람도 없다. 모두가 천하보다 귀한 사람들이다. 그 무엇과도 바꿀 수 없는 최고의 존재가 바로 사람이다. 사람을 화학적으로 분석하면 별 가치가 없다. 비누 일곱 개의 지방, 성냥개비 2천 2백 개의 인, 1.8리터 물병 20개에 담을 수 있는 수분, 설사약 한 봉지의 마그네슘, 못 한 개의 철, 연필 2천 자루의 탄소가 나온다고 한다. 그 가치가 얼마일까? 그것을 뽑아내는 돈이 더 들 것이다. 인간의 가치가 고작 그 정도일까? 많은 사람들은 인간의 가치를 돈이나 학벌, 외모 등으로 평가한다. 자본주의는 인간을 돈으로 평가한다. 공산주의는 인간을 수단으로 여긴다. 실용주의는 얼마나 이익을 줄 수 있는 가로 평가한다. 힌두교도들은 사람을 소보다 못한 존재로 여긴다. 독재자들은 집권 유지를 위한 수단으로 여긴다. 자기 정권을 유지할 수 있다면 백성들 수십만 정도 죽는 것은 당연한 것으로 여긴다. 기계 문명에 찌들어 버린 세대에 물든 사람들은 사람을 장난감 정도로 취급한다. 학교에서는 성적이 떨어지는 학생은 버려진 인생으로 여긴다. 세상에서는 장애인과 어딘가 모자라는 사람들을 사람 취급도 안 한다. 자신의 경쟁 상대자는 없애 버려야 할 존재로 여긴다. 이런저런 이유와 그릇된 인식으로 인간의 가치가 땅에 떨어지고 말았다. '진화론'과 같은 잘못된 학설이 인간 스스로의 가치를 짐승이나 미물의 수준으로 끌어내렸다. 참으로 무섭고 한심한 시대를 살고 있다.

우리는 한 생명의 가치에 눈이 열려야 귀한 것이 보인다. 이 땅에 사람으로 태어난 모든 사람들은 예외 없이 천하보다 귀한 존재이다. 감탄사가 절로 나오는 인생이다. 하나님이 자기의 독생자를 화목제물로 내어줄 만큼 최고로 귀한 존재이다. 수표는 새것이나 구겨지고 짓밟힌 것이나 동일한 가치를 지닌다. 사람도 마찬가지이다. 세상에서 짓밟히고 구겨지고 힘들고 부족해도 쓸모없는 존재는 아무도 없다. 하나님 보시기에 너무 소중해서 두고 보기에도 아까운 최고의 가치 있는 존재가 '사람'이다. 사람을 최고의 가치 있는 존재로 볼 때 그를 사랑하게 된다. 사랑하면 그 사람이 보인다. 그 사람이 보일 때, 복음을 전하지 않고는 견딜 수 없는 마음을 갖게 된다. 사도 바울처럼 자기가 어떤 희생의 대가를 지불한다고 하더라도 저들이 구원받기를 간절히 원하게 된다.

> "나의 형제 곧 골육의 친척을 위하여 내 자신이 저주를 받아 그리스도에게서 끊어질지라도 원하는 바로라"(롬 9:3)

사람이 너무 가치 있는 존재로 보이기에 기꺼이 나의 생명의 대가를 지불할 수 있게 된다. 어떤 모욕과 핍박, 희생이 있어도 심지어 복음을 전하다가 죽는 한이 있어도 저들을 살리기 위해 최선을 다하게 되는 것이다. 예수님께서도 말씀이 육신이 되어 우리 가운데 오셨다. 눈높이를 인간 수준으로 맞춰 주신 것이다. 왜? 사랑하는 인간을 구원하기 위함이다. 사도 바울도 헬라인에게는 헬라인처럼, 유대인에게는 유대인처럼 로마인에게는 로마인처럼 그의 눈높이를 맞췄다. 복음을 효과적으로 전하기 위해서다. 눈높이를 맞추지 못하면 복음을 효과적으로 전하기 힘들다. 불신자 수준으로 눈높이를 맞춰야 기회가 생긴다. 우리는 그 누구와도 눈높이를 맞출 수 있다. 우리 선생님이신 예수님이 그렇게 하시지 않았던가. 세리와 창기와도 같이 식사를 나누셨다. 평민들과도 함께 하셨다. 제자들의 발을 씻어 주시며 그들의 위치까지 낮아지셨다.

"너희 안에 이 마음을 품으라 곧 그리스도 예수의 마음이니 그는 근본 하나님의 본체시나 하나님과 동등됨을 취할 것으로 여기지 아니하시고 오히려 자기를 비워 종의 형체를 가지사 사람들과 같이 되셨고 사람의 모양으로 나타나사 자기를 낮추시고 죽기까지 복종하셨으니 곧 십자가에 죽으심이라"(빌 2:5-8)

눈높이를 맞추면 전도할 사람들이 수없이 눈에 띈다. 이미 추수할 때가 지나가고 있다. 가서 손을 대기만 해도 구원받을 자가 기다리고 있다. 유치부 어린이에게는 유치하게 전도해야 한다. 어린이들에게도 눈높이를 맞추어 다가가야 효과가 있다. 청소년 전도도 저들과 눈높이를 맞출 때 효과적이다. 세상에서 수없이 스쳐가는 사람들을 우연한 만남으로 끝내지 말자. 하나님의 목적이 있는 '신적 만남'이다. 저들에게 복음을 전할 수 있도록 하나님이 가까이 이끄신 것이다.

나는 17세에 어린이들을 가르치는 교사로 부름 받았다. 그 당시, 우리 반 어린이는 3명이었다. 저들을 가르치면서 저들의 친구들을 찾아, 이 동네 저 동네 돌면서 전도를 했다. 6개월 후에는 30명으로 불어났다. 신학 대학 재학 시절에는 월요일 오전에는 인천 소년교도소에 가서 2년 동안 복음을 전했다. 오후에는 부녀보호소를 찾아 함께하며 복음을 전했다. 처음에는 어색하고 힘이 들었다. 죄수복을 입고 험상궂은 얼굴로 앉아 있는 저들에게 다가가기 힘들었다. 특별한 일에 종사하던 이들(자기 몸을 팔아 살던 여자들)에게 다가가는 것도 쉬운 일이 아니었다. 그러나 얼마 후, 눈높이를 맞춰 다가서니 마음을 열었다. 험상궂고 경계하던 사람들이 달라졌다. 세상에서 제일 아름다운 꽃을 바로 그곳에서 보았다. 장미꽃보다 백합보다 진달래보다도 더 아름다운 꽃, 지금도 잊지 못할 아름다운 꽃이 바로 인천 소년교도소에 있는 죄수들이 복음을 듣고 밝은 얼굴로 웃는 모습이었다. 복음이 들어가면 저렇게 달라지는데, 누가 저들을 무기수 사형수라 하겠는가. 그들도 똑같이 하나님의 사랑받는 최고의 가치 있는 젊은이들이었다. 한 사람도 외면할 수 없는 소중한 이들이었다.

 1970년대 어린이 전도는 '노방전도'가 효과적이었다. 교회학교 어린이들을 잘 훈련하여 가장행렬을 하면서 동네를 한 바퀴 돌면 많은 어린이들이 교회로 인도 되었다. 엄마 손 잡고 가던 아이들이 그 손을 놓고 따라오기도 했다. 시골에는 무당들이 한 마을에 한두 명씩 있다. 저들은 악한 영에 사로잡혀 사람들을 미혹한다. 자기 스스로 피하고 싶어도 악한 영에 지배를 받아 굿판을 벌이고 동네를 떠들썩하게 한다. 저들도 전도의 대상이다. 거듭난 후 고등학교 시절에 담대한 용기를 가지고 무당을 찾았다. 처음에는 티가 나지 않게 접근하여 그의 하소연을 들어 주기도 하면서 여러 날을 보냈다. 그들은 결국 악한 영이 자기를 사로잡고 있음을 고백하고, 나는 그들을 예수님께로 인도했다. 무당도 눈높이를 맞추어 접근하면 예수를 믿는 성도가 된다. 이 땅에 구원에서 제외된 사람이 있을까? 한 사람도 없다.

술주정꾼들도 전도의 대상이다. 저들과도 눈높이를 맞춰야 전도할 기회를 얻을 수 있지 않을까? 개척교회를 시작하여 동네사람들을 만날 때였다. 그 도시의 술 많이 마시는 랭킹 1, 2, 3위에 속하는 사람들을 포장마차에서 만났다. 그 사람들은 술 먹고, 나는 안주 먹고. 그래서 나는 마른 오징어, 마른 노가리 등의 술안주를 지금까지도 잘 먹는다. 이미 아버지의 술주정을 받아 본 경험이 있기에 한 말 또 하고, 레코드판 틀어 놓은 것 같은 그 이야기를 몇 번이고 들어 주었다. 여러 번 그렇게 하였더니 저들의 태도가 달라졌다. 목사가 자기들과 술 먹는 자리에 함께 있었다는 것만으로도 감사해서 1986년도에는 1천만 원을 헌금하는 사람까지 생겨났다. 그 후에도 술 먹는 장소에 끼일 수 있으면 편안하게 다가간다. 그러면 미안해서 한 번 정도는 교회에 나와 줬다.

고위관리들, 건축하는 인부들, 등산동호회 사람들 등. 이런저런 이유로 만날 수 있을 기회를 피하지 말고 저들의 눈높이에 맞추어 편안하게 서라. 그러면 언젠가는 마음 문을 열게 된다. 저들이 예의상 한 번 교회 나와 줄 때가 기회다. 저들의 영혼을 사로잡을 수 있는 강력한 하나님 말씀이 필요하다. 말씀의 능력이 나타나도록 간절한 기도가 필요하고, 또 필요하다. 그러면 하나님이 저들의 영혼을 이끌어 복음을 믿게 하신다. 가난한 자에게는 가난한 자로서 눈높이를 맞추고 부자에게는 부자처럼 눈높이를 맞추어 보라. 배운자에게는 배운자처럼, 못 배운자에게는 못 배운자처럼 눈높이를 맞추면 저들이 사랑스럽게 보인다. 사랑하는 마음이 저들의 영혼을 얻을 수 있게 한다. 눈높이 전도는 예수님의 전도 방법이며 사도 바울의 전도 방법이다. '관계 전도'는 가장 확실하게 그 영혼을 주님께로 인도할 수 있는 효과적 전도 방법이다.

예수님을 믿고 거듭난 이후 지금까지 전도에 대한 엄청난 부담감으로 살고 있다. 그리고 해마다 전도하는 일에 최선을 다하고 있다. 바쁜 일정 속에서도 시간을 내어 불신자들과 만난다. 그 누구도 가리지 않는다. 만날 기회가 주어지면 만나서 서서히 접근하고, 분위기가 무르익었을 때 간절히 복음을 전하여 저들을 건져 낸다. 영원히 살 수 있는 길로 인도한다.

엄청난 부흥

전도에 뜨거운 열정이 식지 않고 전도자를 훈련하여 세워 주는 일이 계속되는 한, 교회는 엄청난 부흥을 경험하게 된다. 부흥의 열기가 식어지고 교회가 퇴보하는 일은 전도의 열정이 식었기 때문이다. 또한 전도한 사람들을 키우지 않았기 때문이다. 하나님 말씀인 복음 자체에는 엄청난 능력이 있다. 복음을 설교하고 복음을 전하는 일에 뜨거운 가슴으로 임하면 놀라운 부흥을 경험하게 된다. 진정한 부흥은 하나님의 나타나심으로 시작된다. 사모하는 마음으로 말씀 앞에 서고 모여 함께 기도하고 회개할 때 부흥을 경험한다. 하나님이 개입하시는 곳에 놀라운 부흥의 불길이 타오르게 된다. 부흥은 하나님의 개입을 간절히 사모하는 마음으로 모일 때 일어난다. 뜨거운 가슴으로 복음을 전할 때 일어난다.

우리의 간절한 소원은 초대교회의 부흥, 1900년대 초반에 일어났던 웨일즈 지방의 부흥, 평양대부흥, 1970년대 대한민국의 부흥을 다시 한 번 갈망하는 것이다. 하나님의 개입 없이는 진정한 부흥을 경험할 수 없다. 하나님이 개입하실 수 있도록 우리도 최선을 다해야 한다.

> "우리가 그를 전파하여 각 사람을 권하고 모든 지체로 각 사람을 가르침은 각 사람을 그리스도 안에서 완전한 자로 세우려 함이니 이를 위하여 나도 내 속에서 능력으로 역사하시는 이의 역사를 따라 힘을 다하여 수고하노라"(골 1:28-29)

하나님의 역사를 따라 나도 힘을 다하여 수고할 때 큰 부흥이 온다. 우리가 할 수 있는 최선이 무엇인가? 성령이 감동하시고 역사할 때 기꺼이 그 부름에 순종하는 것이다. 그때 힘을 다하여 수고하면 전도의 열매를 본다. 놀라운 부흥을 눈으로 직접 볼 수 있게 된다.

1973년도에 고향 교회는 어른들이 70~80명 모이는 교회였다. 그 때 어린이 부흥의 주역이었던 가슴이 뜨거웠던 교사를 중심으로 400~500명의 어린이들이 출석하는 놀라운 부흥을 경험했다. 모이면 기도하고 시간을 내어 전도했더니, 시골 이 마을 저 마을 아이들이 거의 다 교회를 나올 정도였다. 부흥의 불길이 옮겨 붙을 때, 그 뜨거운 열기는 참으로 대단하였다.

1976년도의 부흥도 놀라웠다. 신학대학 3학년 때의 일이다. 서울에 있는 서호교회에서 사역할 때이다. 여름성경학교를 준비하며 한 주간 철야하며 기도했다. 모두가 이번 여름성경학교는 1,000명이 모인다고 선포했다. 어른들은 안 믿는 눈치였다. 그도 그럴 것이 그 동네 아이들 다 모아도 1,000명이 될까 말까하고 교회도 1,000명을 수용할 장소가 없었다. 그래도 하나님은 우리의 가슴을 뜨겁게 했다. 성경학교 시작 10분 전, 500명의 어린이들이 모여들었다. 그리고 10분 동안 또 500명의 어린이들이 몰려오는데, 구름떼처럼 비둘기떼처럼 몰려오는 것이 아닌가. 500명씩 두 번에 나누어 할 수밖에 없었다. 교회 본당과 교육관 모든 교실마다 더 들어갈 수 없을 정도로 가득했다. 참으로 놀라운 부흥을 주셨다.

1981년 전담 전도사로 청년을 지도하고 교구를 섬길 때의 일이다. 그때 청년들 열두 명 씩 세 반을 나누어 제자훈련을 했고, 저들에게 작은 모임들을 인도하도록 세워주었는데, 청년들이 두세 번 나누어 모일만큼 양과 질적인 큰 부흥을 경험했다. 하나님이 하시면 막을 수 없다. 하나님이 하실 때 나도 최선을 다하면 된다.

  1986년 말 늘푸른교회를 개척했다. 백만 원을 꾸어서 보증금 50만 원에 월 12만 원 월세 가정집에서 4명과 함께 시작했다. 마루가 교회요, 심방상이 강대상이었다. 교회 간판도 달지 못했다. 그런데 개척 멤버들은 가슴속에 전도의 불이 붙어서 매주 전도하러 나갔다. 그중에 한 명은 갓난아이를 등에 업고 점심식사도 거른 채, 일주일에 40~50명을 만났고 매주일 2~4명을 교회로 인도했다. 나머지 세 명도 1년에 20~30명씩 교회로 인도했다. 교회는 간판도 달아보기 전에 앉을 자리가 부족하여 자그마한 교회당을 매입하지 않을 수 없었다. 그 후, 계속 부흥하여 교회를 네 번이나 이전하였는데도, 장년부는 단 한 사람도 떨어져 나가지 않고 계속 부흥이 되는 것을 경험하였다.

  1994년 이후 기성 교회인 돈암동교회에 부임해서도 고목나무에 꽃을 피우는 아름다운 부흥을 경험하였다. 매주 토요일마다 50~80명 정도의 성도가 주일을 준비하며 기도회를 갖고 교회 안과 밖을 돌면서 외쳤다. 교회 앞에 있는 한신아파트를 바라보며 '한신은 돈암의 어장이다'라고 생각했다. 그때 하나님이 한신아파트 중심에 있는 초등학교를 한 장로님을 통해 인수하게 하셨고, 교회를 건축하는 동안에 초등학교 건물을 이용하여 예배하면서 부흥의 꽃을 피우게 하셨다. 기도하고 전도하러 나가면 결국은 부흥을 경험하게 된다는 것을 경험할 수 있었다.

  2005년 은평교회에 부임하면서도 이전에 계속된 부흥의 불길을 꺼지지 않게 하며 이어 나갔다. 매해 2,000명 안팎의 새가족이 등록하고 있다. 그들 중에 유초등부와 중고등부 학생들이 가장 큰 비율을 차지한다. 교회의 미래가 안정적이다. 성도들 전체가 전도하는 대열에서 함께 전도하는 일에 힘쓰고 있으며 사역자들과 장로들이 먼저 앞장서고 있다. 1년에 두 차례 '행복축제'를 통해 전도의 파도타기를 하고 있다. 전 성도가 가슴에 전도할 사람을 작정하고 명단을 작성한다. 저들을 교회로 인도하고 예수님 믿는 성도가 되게 하기 위하여 두 달 정도 집중한다. 봄, 가을로 두 달씩 전도에 전 성도가 함께함으로써 큰 부흥을 경험하고 있다. 전도한 저들에게 복음이 심어지도록 새가족양육을 5주 동안하고, 저들을 일꾼으로 세워주기 위해 제자훈련과 사역훈련 과정을 거친다. 이 훈련과정 중에 전도는 필수다. 전도에 대하여 배우고 전도하게 하고, 전도 열매를 졸업 선물로 교회에 드리는 것이다.

06
내 양 떼를 부탁한다

하나님의 관심사는 교회 안팎에 있다. 교회 밖에 있는 양 떼를 전도하여 우리 안으로 이끌어 들일 것을 부탁하셨고, 교회 안에 있는 양 떼들은 잘 먹이고 칠 수 있도록 부탁하셨다. 부활하신 주님은 승천하시기 전에 베드로에게 물었다.

"요한의 아들 시몬아 네가 이 사람들보다 나를 더 사랑하느냐?"

베드로가 대답했다.

"주님, 그러하나이다. 내가 주님을 사랑하는 줄 주님이 아시나이다."

그때 주님이 베드로에게 간절히 부탁하셨다.

"내 양을 먹이라."

세 번이나 사랑을 확인한 후에 "내 양을 먹이라", "내 양을 치라", "내 양을 먹이라"고 부탁하셨다. 주님은 승천하셨지만, 양 떼들은 남겨두고 가셨다. 주님은 양 떼를 사랑하셨다. 그 양 떼가 누구인가? 교회 안에 있는 성도들이다. 큰 의미로는 교회 밖에 있는 사람들도 하나님의 양 떼다. 교회에 사역자들을 세우고, 구역장(소그룹 리더)과 일꾼들을 세운 것은 양 떼를 잘 먹이고 돌보기 위해서다.

성도는 주님의 양 떼다

성도는 주님의 양 떼이다. 목회자의 양이 아니다. 몇몇 평신도 리더들의 양이 아니다. 주님의 양 떼이기에 더욱 소중히 돌보아야 한다. 양들은 우매하다. 길을 잃으면 길을 잘 찾지 못한다. 목자가 인도하는 길로 따라간다. 머리를 쓸 줄도 모른다. 가끔 낭떠러지에 떨어져서 울고 있는 양들도 있다. 풀을 실컷 뜯어 먹고는 머리를 박고 졸기도 한다. 그러면 양들이 같이 머리를 대고 졸고 자고 있다. 잘못하면 압사당하기도 한다. 고창증에 걸릴 위험도 있다. 그래서 양 떼 틈바구니에 몇 마리의 염소를 두는 것이다. 염소는 들이받는 기질이 있다. 양들이 졸고 자는 꼴은 못 본다. 졸고 있는 양에게 달려가서 뿔로 들이받는다. 그러면 양들이 깜짝 놀라 뛰어 다닌다. 염소에게 받히지 않으려면 움직여야 한다. 뛰어야 한다. 뛰다보면 건강해진다. 사도 바울도 양 떼를 두고 가며 장로들에게 간곡히 부탁한다. 고별 설교를 하면서 두고 가는 에베소 교회 양 떼를 걱정했다.

"여러분은 자기를 위하여 또는 온 양 떼를 위하여 삼가라. 성령이 그들 가운데 여러분을 감독자로 삼고 하나님이 자기 피로 사신 교회를 보살피게 하셨느니라 내가 떠난 후에 사나운 이리가 여러분에게 들어와서 그 양 떼를 아끼지 아니하며 또한 여러분 중에서도 제자들을 끌어 자기를 따르게 하려고 어그러진 말을 하는 사람들이 일어날 줄을 내가 아노라"(행 20:28-30)

양 떼인 성도는 여러 가지 위험에 노출되어 있다. 그래서 그 양 떼를 잘 돌보는 일이 중요하다. 목회자와 평신도 리더, 구역장, 교사는 소 떼와 양 떼에 마음을 두고 잘 지켜주고 좋은 꼴을 먹여야 한다. 독소나 먹지 못할 풀을 먹이면 죽든지 병이 든다. 스가랴 선지자는 양 떼를 버린 못된 목자를 심하게 책망하고 있다.

"화있을진저 양 떼를 버린 못된 목자의 칼이 그의 팔과 오른쪽 눈에 내리리니 그의 팔이 아주 마르고 그의 오른쪽 눈이 아주 멀어버릴 것이라 하시니라"(슥 11:17)

자나 깨나 목자의 관심사는 양 떼에 있어야 한다. 중동지역의 베두윈 족이 양치는 것을 보니 목자가 앞에 서고 양들이 뒤를 따라간다. 목자는 언제나 양들과 함께 한다. 아주 세심하게 돌보는 것을 볼 수 있다. 양질의 풀이 있는 곳, 먹을 물이 있는 곳을 양 떼들은 모르지만 목자는 안다. 목자가 그곳으로 양 떼를 인도한다.

목자는 눈에 불을 켜고 양 떼를 잘 돌보아야 양이 맹수의 밥이 되지 않고, 낭떠러지에 떨어지는 위험을 막을 수 있다. 양들이 다니는 곳은 대부분 평지가 아니라 가파른 산 중턱이다. 자칫 잘못하면 미끄러져 내릴 수도 있다. 1년 내내 비가 거의 오지 않기 때문에 양 떼에서 좋지 못한 냄새가 난다. 양털도 더럽혀져 있다. 이제 처음 예수님를 믿고 신앙생활을 시작하는 사람들 중에도 가끔은 이와 비슷한 사람이 있다. 아직도 냄새나고 죄투성이인 사람이다. 다듬어지지 않은 성격을 그대로 가지고 있다. 어리석은 선택을 하고, 답답하게 굴 때도 있다. 그러나 그러한 저들일지라도 주님이 그렇게도 아끼고 사랑하는 주님의 양 떼다. 내게 맡겨주신 양 한 마리 한 마리는 모두가 소중하다. 말씀의 좋은 꼴을 먹이고 맹수와 같은 악한 영의 공격으로부터 보호해야 한다.

성도를 품고 보호하는 것이 교회다

서부 아프리카 카메룬에 크리비(Kribi) 해변이 있다. 해변 숙소 근처에 아름다운 나무들로 가득하다. 한 나무를 보니 족히 100~200개의 새집이 매달려 있다. 그 수많은 새집이 모두 가지 끝에 지어져 있다. 한 집에 3~5마리의 새들이 들락거린다. 새들이 들어가고 나갈 때마다 큰 나무가 휘청거리며 춤을 춘다. 왜 나무 끝에 새집을 지었냐고 물어보니 도마뱀이나 뱀, 짐승들이 침범할 수 없게 하려고 나무 끝에 새집을 지었다는 것이다. 새의 새끼나 새알에 손을 대려고 올라오려다가도 너무 약하여 떨어질 위험이 있는 위치에 집을 지은 것이다. 그 광경을 바라보며 교회의 모습이 보였다. 교회는 모든 사람, 모든 생명체를 품어주어야 한다. 힘이 들고 어려워도 기꺼이 저들을 품에 안고 즐거워해야 한다.

교회의 원수는 마귀밖에 없다. 생명을 해하려고 언제나 맹수처럼 노리고 있는 마귀를 우리는 대적해야 한다. 마귀나 그의 졸개인 귀신의 세력으로부터 모든 사람을 보호해야 한다. 사람은 그 누구라도 우리의 대적이 아니다. 모두가 목양의 대상이다. 품어야 할 대상이다. 저들을 품고 보호하고 좋은 것을 공급해 주는 일이 목회자와 목양을 담당한 평신도의 기쁨이다.

성도들이 따라갈 방향을 보여주는 목회철학

목회철학이 건강해야 건강한 목회를 할 수 있다. 양떼들을 잘 돌볼 수 있다. 베드로 사도는 분명히 말하고 있다.

> "너희 중에 있는 하나님의 양 무리를 치되 억지로 하지 말고 하나님의 뜻을 따라 자원함으로 하며 더러운 이득을 위하여 하지 말고 기꺼이 하며 맡은 자들에게 주장하는 자세를 하지 말고 양 무리의 본이 되라"(벧전 5:2-3)

어떤 목회 철학을 가져야 건강하게 성도들을 잘 돌볼 수 있을까?

우리 교회의 경우, 영성 목회, 화육 목회(눈높이 목회), 희생 목회, 한 사람 목회, 양날개 목회, 잔치 목회, 창조적 목회, 훈련 목회 등의 방침을 가지고 있다. 표를 참조하여 살펴보기 바란다. 여기서 중요한 것은 각 교회와 성도들의 상황에 맞도록, 또는 더 세분화 하여 각 구역 소그룹의 상황에 맞는 평신도 리더의 목양철학이 세워져야 한다는 것이다. 또한 이러한 목회(목양)철학이 분명하게 글로 기술되어 있어야 한다. 그럴 때 구성원들 모두가 함께 내용을 공유할 수 있고, 따라가야 할 나침반의 역할을 해 줄 수 있다.

영성 목회

성령이 이끌어 가는 목회이다. 사람이나 프로그램 행사들이 이끌어 가는 목회는 건강한 방향이 아니다. 하나님의 교회는 성령에 이끌려 가야 한다. 이것이 모든 사역의 중심이다. 성령으로 하지 아니하고는 갈 바를 모른다. 양들을 어디로 어떻게 이끌어 갈지 알 수 없다. 그러기에 언제나 성령의 역사에 민감한 반응을 보이며 사역에 임해야 한다.

화육 목회 (눈높이 목회)

예수님은 화육(化肉, incarnation)하신 분이다. 우리와 눈높이를 맞추시기 위해 사람의 몸을 입고 종의 형체를 가져 이 땅에 오셨다. 우리 또한 그 누구와도 눈높이를 맞추어 상대방을 먼저 이해하고 접근해야 한다. 열린 마음으로 접근하지 않으면 양 떼의 마음을 얻을 수 없다. 마음을 얻지 못하면 좋은 관계 형성이 안 된다. '관계'가 좋지 않으면 신령한 꼴을 제대로 먹일 수 없다.

희생 목회

목사를 왜 목사라 했나? 목 내놓고 하는 것이 목회다. 나 살려고 목회하면 목회를 제대로 하기가 힘들다. 자기가 어떤 희생의 대가를 지불 하더라도 양 떼를 지키고 인도하기 위해 최선을 다해야 한다. 나 죽고 너 살리는 모범을 보여주신 예수님의 모습을 따르는 것이다.

한 사람 목회

한 사람을 크게 보는 목회다. 한 사람의 가치는 천하보다 크다. 그 한 사람을 위하여 해산의 수고를 아끼지 않는다. 그 한 사람에게 미쳐서 자기의 생명과 시간 아까운 줄 모르고 사역하는 것이다. 한 사람을 크게 보는 목회는 큰 목회요, 한 사람을 작게 보는 목회는 작은 목회다.

양날개 목회

대중 사역인 설교 예배를 소홀히 하지 않으며 개인 사역인 제자훈련 소그룹, 구역 모임에도 최선을 다하는 목회이다. 이 양 날개가 조화를 이루어야 무한한 공간을 힘차게 날아갈 수 있다. 한 날개만으로는 날 수 없다. 날다가도 제자리에 돌아온다. 이 원리를 1975년에 발견하고 자녀의 이름에 목회 철학을 담아 지었다. 큰 아이는 대중 사역을 생각하며 '한아름'이라 하였고, 작은 아이는 개인사역을 생각하여 '한송이'라 지었다. 주일에는 대중 사역을 위한 준비에 목숨을 걸어야 하고, 주간에는 개인 사역인 제자훈련과 씨름하면서 한 사람 한 사람을 온전하게 세워 주어야 한다.

잔치 목회

모든 영성훈련의 기초는 '경축 훈련'이다. 잔치하는 기쁨으로 훈련과 사역에 임하는 것이다. 우리의 훈련과 사역은 무엇을 이루고 자격증을 따기 위함이 아니다. 억지로 마지못해 따라가는 것도 아니다. 공짜로 얻은 영생, 구원의 기쁨과 감사 때문에 하는 것이다. 그러기에 목회는 언제나 잔치하는 기분으로 모든 사람을 즐겁게 해주어야 한다.

나누고 먹는 즐거움이 목회를 행복하게 한다. 초대교회도 모일 때마다 먹고 마셨다. 금식은 특별할 때 하는 것이지 교회가 늘 금식하는 금욕주의적인 분위기를 연출하면 곤란하다. 거리낌 없는 만남의 기쁨, 늘 잔치하는 분위기, 먹을 것이 풍성한 곳이란 느낌이 들 수 있도록 해야 한다.

창조적 목회 (변화에 열린 목회)

진리 외에 다른 것들은 시대의 변화에 맞게 대처하는 목회, 진리는 변화할 수도 바꿀 수도 없지만 진리를 담는 그릇은 바꿀 수 있는 아량이 있는 목회, 새로운 아이디어를 수용하고 현대 문화를 이해하고 적절하게 대처할 수 있는 창조적 목회가 목회 현장을 건강하게 한다.

훈련 목회

사람은 저절로 자라날 수 없다. 제자나 지도자는 탄생하는 것이 아니라 훈련으로 되어 진다. 인위적인 군대식 훈련이 아닌 성령의 인도를 받으면서 체계적이고 단계적인 훈련을 할·때, 훈련된 사람들에게 그들이 감당할 수 있는 일감을 맡길 수 있다. '창조적 소수' 훈련을 통하여 기독교의 순수성을 이어가고, 강도 높은 훈련으로 기독정신으로 무장된 진정한 지도자를 만들어 간다. 저들의 영향력이 정치, 경제, 사회, 교육, 외교 등 전 영역에 확산되어 저들이 있는 곳에는 하나님 나라가 확장되도록 해야 한다.

평신도와 함께 목양하기

교회의 99퍼센트를 구성하는 평신도가 교회 역사 속에서 짓눌려 있었다. 과거 역사 속에서 목양은 사제들이나 성직자들의 전유물처럼 여겨졌다. 교황의 권세 아래 짓눌려 있던 평신도의 사역적 기능이 종교개혁과 함께 살아날 줄 것을 기대했으나 거의 20세기까지 특별한 사람들(성직자)이 사역의 전권을 가지는 목회 구도였다. 평신도들은 피동적으로 존재하는 구경꾼 혹은 잠자는 자가 되어 버렸다. 그러나 평신도는 교회의 소중한 자산이다. 평신도는 왕 같은 제사장으로서 성직자들과 함께 목양할 수 있는 자격을 주셨다. 따라서 평신도가 잠자고 있거나 주저앉아 있는 교회는 절대로 건강한 교회가 아니다. 성직자의 손에 독점적으로 남아있는 사역을 평신도와 함께 나눌 때, 그 능력이 얼마나 크게 나타날까! 속히 평신도를 훈련하고 일꾼으로 세워 목양 사역을 함께 나누어야 한다. 그러면 훨씬 효과적으로 양떼를 돌볼 수 있게 된다.

모세의 장인 이드로가 모세에게 한 충고는 오늘날 평신도를 어떻게 목양에 참여시켜야 할지 가르쳐 주고 있다. 모세 혼자는 200만 명이 넘는 백성을 심판하고 치리하고 이끌어 가기에 너무 힘이 든다. 감당할 수도 없다. 그렇게 하다가는 몇 날이 못 되어 죽을 것이다. 먹지도 자지도 못하면서 몇 날을 버틸 수 있겠나? 그래서 십부장, 오십부장, 백부장, 천부장을 세워 저들에게 그에 합당한 일을 맡기라고 했다. 그 조언을 받아들여 그렇게 위임하고 백성을 인도했더니 일이 훨씬 줄어들었다. 백성을 전체적으로 인도할 수 있는 여유가 생겼다.

평신도를 훈련하여 목회의 동역자로 세워야 한다. 1퍼센트 정도 되는 목회자만으로는 성도를 돌보는 일을 제대로 할 수 없다. 구역장을 훈련하여 세우고, 저들에게도 '작은 목자'의 사명을 감당할 수 있도록 여러 명의 성도를 맡겨야 한다. '지역장, 교구장'을 세워 더 많은 사람들을 목양할 수 있도록 한다. 또한, 목양 장로를 세워 목회자와 함께 성도를 돌보는 일에 함께 하도록 한다. 장로 직분의 꽃은 목양이다. 목양하는 지도자라야 심령이 메마르지 않는다. 가슴에 뜨거움이 식지 않는다. 그래야 첫사랑의 감격을 회복할 수 있다.

07
내 복음 좀 전해 줘

    1970년대에 '텅 빈 강단'이란 책이 출판되었다. '텅 빈 강단', 무슨 뜻일까? '설교는 있지만, 복음이 없는 설교를 '텅 빈 강단'으로 표현한 것이다. 설교에 복음이 없으면 생명이 없다. 사람들을 살릴 수 없다. 죄와 허물로 죽은 사람은 그 어떤 강연과 좋은 말로도 살려낼 수 없다. 종교의 수준 높은 설법으로도 소용이 없다. 윤리와 도덕, 정치적 연설로도 꿈쩍하지 않는다. 석학들의 해박한 지식으로도 어찌해 볼 수 없다.

    주님은 어느 날 슬픈 모습으로 내게 말씀하셨다.

    "내 복음 좀 전해줘. 왜 강단에 내 복음이 없냐? 내 복음이 없어 이 백성이 죽어간다."

교회는 점점 엉뚱한 곳으로 이끌려 가고 있다. 지금 죽어가는 사람에게 필요한 것은 의복이 아니다. 먹을 양식도 아니다. 고급 승용차나 좋은 집도 아니다. 무엇을 준다 한들 좋아하겠는가? 죽어 가는 자를 살려내는 것이 최고의 선물이다. 죽은 자를 살려내는 말씀은 '복음'뿐이다. 복음 말고는 저들을 살려낼 다른 방도가 없다. 그러기에 설교 속에는 복음이 꼭 들어있어야 한다.

에세이, 윤리, 율법은 있는데

설교의 내용을 잘 분석해 보라. 복음이 얼마나 담겨져 있는가? 복음을 빼고 성경을 보면 나에게 별 의미가 없다. 구약은 이스라엘의 역사에 불과할 것이다. 신약도 이스라엘과 주변 국가들의 이야기 거리에 불과할 것이다. 그것이 나와 무슨 상관이 있는가? 2,000~6,000년 전, 조그마한 나라에서 일어난 일들과 교훈이 오늘날 나에게 어떤 의미를 전해 주는가? 신구약을 비틀어 짜보라. 그러면 예수님의 보혈이 흐른다. 그 보혈이 흐르는 복음을 찾아야 한다. 그 복음을 느껴야 한다. 그 복음에 감동을 받고 생명을 얻어야 한다. 그렇게 느끼고 체험한 복음을 전할 때 생명이 있다. 자칫 설교의 내용이 에세이나 윤리 강연에 머무르고 있지 않은가 그 내용도 좋은 내용이다. 그러나 그걸 누가 몰라서 그렇게 살지 못하는가? 제아무리 노력해도 그 수준 높은 윤리적 삶에 이를 수 없다. 율법을 지킬 수 있는 능력이 없다. 이미 그런 능력을 상실한 자들에게 공허한 말씀으로 들릴 뿐이다. 좌절

감만 느낄 뿐이다.

그런 수준에 이를 수 있는 힘이 있다면 예수님이 왜 십자가를 지고 죽으셔야만 했을까? 도무지 사람은 행위로서 의롭다 함을 얻을 육체가 없다. 제아무리 훌륭하고 엄청난 말로 감동을 준다 하더라도 명연설가가 사람을 천국으로 인도할 수는 없다. 에이브리햄 링컨의 명연설을 지금도 기억하고 있다. 안병욱, 김형석 교수의 에세이에 매료당한 적도 있다. 그러나 저들의 에세이가 나의 운명을 바꾸어 놓지는 못했다. 지금도 세상에는 많은 사람들에게 감동을 주는 명연설가들이 많다. 그러나 설교는 에세이나 연설과는 다르다. 강연이나 교육과도 다른 것이다. 설교는 사람을 살리는 생명이 들어있어야 한다. 사람을 살리는 생명이 어디에 있는가? 복음 안에 있다. 그 복음이 무엇인가? 예수 그리스도이시다. 예수 그리스도의 십자가와 부활이 복음의 핵심이다.

복음의 눈으로 보면 구약 속에 있는 복음이 보인다. 모든 성경이 복음의 눈으로 보인다. 복음의 눈으로 재해석된 성경, 내 속에 강력한 영향력을 끼친 말씀만이 사람을 살린다. 새롭게 한다. 새롭게 되면 말씀대로 살 수 있고 힘을 얻는다. 성령께서 그렇게 할 수 있도록 도와주신다. 나는 할 수 없지만 성령께서 하게 하신다. 나는 미운 사람을 사랑할 수 없다. 머리로는 사랑해야 한다는 것을 인지하고, 알고 있지만 실제로는 안 된다. 그것이 우리 인간의 한계이다. 그러나 복음이 들어오면 할 수 없는 것을 할 수 있게 하신다. 사람으로서는 할 수 없으되 하나님으로서는 다 하실 수 있다. 내게 능력 주시는 자 곧 복음 안에서는 다할 수 있다. 복음이신 예수 그리스도께서 말씀으로 내 안에 오시면 저절로 된다. 내 힘으로는 아무것도 할 수 없지만 내 안에 계신 복음의 능력으로 모든 것을 할 수 있게 된다. 그러기에 시간 낭비하지 말고 복음을 전해야 한다. 오직 복음만이 사람을 살린다.

피 묻은 십자가의 복음이 진짜다

이처럼, 예수 그리스도의 복음만이 사람을 살리며, 모든 불행을 멈추고 영원한 행복을 연다. 이러한 복음은 예수 그리스도께서 십자가에서 흘리신 피로써 말미암은 복음이다. 그렇다면 이 피는 도대체 무엇인가?

첫째, 예수님의 피는 생명의 피다. 예수님의 피만이 흠이 없고 깨끗한 피다. 성령으로 잉태하신 오직 한 분이시기 때문이다. 예수님은 우리와 똑같이 시험을 받으셨지만 죄는 없으시다. 죄 없는 깨끗한 피는 예수님 밖에 없다. 또한, 그 피로 하나님은 언약을 하셨다.

"하물며 영원하신 성령으로 말미암아 흠없는 자기를 하나님께 드린 그리스도의 피가 어찌 너희 양심으로 죽은 행실에서 깨끗하게 하고 살아계신 하나님을 섬기게 하지 못하겠느냐"(히 9:14)

"이는 하나님이 너희에게 명하신 언약의 피라"(히 9:20)

"이 잔은 내 피로 세운 새 언약이니"(고전 11:25)

하나님과 인간 사이에 세운 언약이 예수님의 피 속에 있다. 어떤 언약인가? 그것은 '죄 용서'에 대한 언약이며, '영생'에 대한 언약이며, '하나님의 자녀'가 되는 언약이다. 더 나아가, 예수님의 피는 보배로운 생명의 피다. 그 속에 영생이 있다. 그 피를 마셔야 산다는 말은 그 피를 믿어야 생명이 들어온다는 말이다. 예수님의 피 속에 들어있는 생명이 우리에게 최고의 보배이다.

> "오직 흠 없고 점 없는 어린양 같은 그리스도의 보배로운 피로 된 것이라"(벧전 1:19)
> "육체의 생명은 피에 있음이라 내가 이 피를 너희에게 주어 제단에 뿌려 너희의 생명을 위하여 속죄하게 하였나니 생명이 피에 있으므로 피가 죄를 속하느니라"(레 17:11)

그렇다면, 왜 예수님의 피를 복음이라고 말하는가? 그것은 예수님의 피가 우리 인생의 모든 문제를 해결해 주기 때문이다. 그 피가 죄의 문제, 죽음의 문제, 이 땅을 살아가는 동안 함께 할 모든 불행과 허물을 해결해준다.

> "율법을 따라 거의 모든 물건이 피로써 정결하게 되나니 피흘림이 없은즉 사함이 없느니라"(히 9:22)
> "우리는 그리스도 안에서 그의 은혜의 풍성함을 따라 그의 피로 말미

암아 속량 곧 죄사함을 받았느니라"(엡 1:7)

죄 사함보다 더 큰 복음은 없다. 죄 사함 받고 보니, 그 짐이 매우 무겁고 힘들고 고통스러웠음을 깨닫게 되었다. 과거의 불행은 한방에 끝나고, 세상 그 무엇도 부러울 것도 아쉬울 것도 없었다. 몸이 얼마나 가벼운지 하늘을 둥둥 날아 구름 위를 나는 느낌이었다. 모든 불행과 고통의 근원이 '죄'에 있었는데, 죄로부터 사함 받고 벗어났으니 그보다 더 좋을 수는 없었다.

또한, 피의 복음은 죄를 사하여 줄 뿐 아니라 의롭다고 여겨준다. 죄의 문제가 해결되니 이제는 죄인이 아니다. 하나님이 우리를 의로운 자로 대우해 주시는 것이다. 얼마나 감사하고 기쁜 일인가?

"그러면 이제 우리가 그의 피로 말미암아 의롭다 하심을 받았으니 더욱 그로 말미암아 진노하심에서 구원을 받을 것이니"(롬 5:9)

"그러므로 예수도 자기 피로써 백성을 거룩하게 하려고 성문 밖에서 고난을 받으셨느니라"(히 13:12)

우리가 의롭게 된 것은 돈이나 공로나 자격으로 된 것이 아니다. 죽었다 깨어나도 의롭게 될 수 없는 내가 예수님의 피로 의롭게 되었으니 이것이 복음이 아니고 무엇이랴!

결국, 예수님의 피 속에 영생이 있고 그 피를 믿는 자마다 영생도 선물로 받게 되는 것이다. 이보다 더 좋은 선물이 어디 있을까? 죄 사함 받고, 의롭다 함을 얻고, 영생까지 얻게 되니 세상 그 무엇이 부러울까?

> "예수께서 이르시되 내가 진실로 진실로 너희에게 이르노니 인자의 살을 먹지 아니하고 인자의 피를 마시지 아니하면 너희 속에 생명이 없느니라 내 살을 먹고 내 피를 마시는 자는 영생을 가졌고 마지막 날에 내가 그를 다시 살리리니"(요 6:53-54)

둘째, 예수의 피가 하늘 문을 연다. 닫힌 하늘 문을 무슨 재주로 열 수 있겠는가. 그 누구도 하늘 문을 열 수 없다. 하늘의 비밀을 알 수 없다. 하늘나라를 감히 넘볼 수도 없다. 그러나 예수님의 피는 하늘 문을 여는 능력이 있다. 예수님의 피는 교회를 세우는 기초이다. 그 피 위에 주님의 몸 된 교회를 세우셨다.

> "성령이 그들 가운데 여러분을 감독자로 삼고 하나님이 자기 피로 사신 교회를 보살피게 하셨느니라"(행 20:28)

이처럼, 예수님은 자신의 몸으로 피 값을 지불하고 교회를 사셨다. 우리는 공짜로 받았지만, 예수님께서는 이미 막대한 대가를 지불하시고 교회를 세우셨다. 그 피 위에 세운 교회는 음부의 권세라도 흔들 수 없다.

또한 이 예수님의 피 값으로 말미암아 우리는 교회를 통하여 하나님의 영원한 성소에 들어갈 담력을 얻는다. 하나님 나라에 들어갈 담력은 예수 그리스도의 피로 값 주시고 세운 교회를 통하여 얻을 수 있다. 그 피로 말미암아 당당히 하나님 앞에 설 수 있다. 그 피가 아니면 들어오라고 열어 놓아도 부끄럽고 한심한 자기 모습 때문에 들어갈 수 없다.

"그러므로 형제들아 우리가 예수의 피를 힘입어 성소에 들어갈 담력을 얻었나니"(히 10:19)

결국, 예수의 피로 말미암아 하늘의 막힌 담도 허물어짐을 우리는 경험할 수 있게 되었다. 우리에게는 죄로 말미암아 하늘과 땅, 너와 나 사이에 넘볼 수 없는 큰 담이 있었다. 그 담을 무엇으로 허물 수 있나? 현대에 개발된 고가의 장비로는 불가능하다. 수많은 일꾼들을 동원해도 절대로 무너뜨릴 수 없는 담이다. 그 담이 그리스도의 피로 허물어진다.

"이제는 전에 멀리 있던 너희가 그리스도 예수 안에서 그리스도의 피로 가까워졌느니라 그는 우리의 화평이신지라 둘로 하나를 만드사 원수된 것 곧 중간에 막힌 담을 자기 육체로 허시고"(엡 2:13-14)

"그러므로 이제부터 너희는 외인도 아니요 나그네도 아니요 오직 성도들과 동일한 시민이요 하나님의 권속이라"(엡 2:19)

이 엄청난 복음이 교회에 있다. 성경 안에 담겨져 있다. 그 말씀을 받아 증거하는 설교 속에 생명이 있다. 따라서 만약에 보혈이 없다면 소망도 없다. 그러기에 사도 바울도 그리스도 예수의 십자가 외에는 결코 자랑할 것이 없다고 선언하고 있다. 그 십자가에 자기를 못 박고 그리스도와 함께 살기를 소원하고 있다.

"내가 그리스도와 함께 십자가에 못 박혔나니 그런즉 이제는 내가 사는 것이 아니요 오직 내안에 그리스도께서 사시는 것이라 이제 내가 육체 가운데 사는 것은 나를 사랑하사 나를 위하여 자기 자신을 버리신 하나님의 아들을 믿는 믿음 안에서 사는 것이라"(갈 2:20)

십자가 보혈의 복음을 전할 때, 죽었던 자들이 살아난다. 그 피는 2000년 전에 저 갈보리 위에 식어버린 차디찬 피가 아니다. 지금도 김이 모락모락 나는 살아있는 피다.

1975년도 대학 후배 중 한 사람이 20세를 넘길 수 없는 신체적 결함이 있었다. 동맥과 정맥이 잘못 연결되어 그냥 두면 더 이상 살 수 없는 상황이었다. 그때 생명을 걸고 세브란스병원에서 대수술을 받게 되었다. 열 시간이 넘는 대수술이었다. 많은 학생들이 수혈을 하려고 달려갔다. 학교에서는 매시간 기도했다. 긴 시간 대수술을 마치고 무사히 살아났다. 그 병원에서도 그런 수술은 처음이었다. 그가 살아나서 이런 간증을 하는 것을 들었다. 수술 중에 눈을 감아도, 눈을 떠도 보이는 게 있었다. 심장에서 떨어지는 피가 김이 모락모락 나면서 자기에게 떨어지고 있었다. 직감적으로 예수님의 피라는 것을 느꼈다. 예수님의 피가 지금도 식지 않고 자기에게 떨어지는 것을 보면서 살았구나 생각했다는 것이다. 참으로 신비한 능력이다. 40년 가까운 세월이 흘렀어도 그는 지금도 건강하게 살아서 훌륭히 목회 사역을 감당하고 있다.

부활의 복음

십자가와 부활은 복음의 핵심이다. 이 두 가지를 빼면 남는 것이 없다. 믿어야 할 이유가 없다. 전해야 할 내용이 없다. 모든 성경을 십자가 보혈과 부활의 관점에서 재해석해서 보면 성경 어느 곳에서도 복음이 보인다. 복음의 소리를 듣게 된다. 예수 그리스도는 부활하여 지금도 살아계신다. 살아계신 그분을 증거할 때, 말씀에 능력이 따른다. 우리가 믿고 따르는 예수님은 2000년 전에 무덤에 장사지낸 분이 아니다. 무덤에서 일어나 다시 사신 분이다.

"예수께서 이르시되 나는 부활이요 생명이니 나를 믿는 자는 죽어도 살겠고 무릇 살아서 나를 믿는 자는 영원히 죽지 아니하리니 이것을

네가 믿느냐"(요 11:25-26)

예수님은 분명 살아나셨다. 예수님의 부활은 분명한 성경의 증언이요, 역사의 증언이다. 또한 체험적 증언이다.

"성경대로 그리스도께서 우리 죄를 위하여 죽으시고 장사지낸바 되셨다가 성경대로 사흘만에 다시 살아나사"(고전 15:3-4)

두세 명의 증인만 있어도 참인데, 부활의 증인들이 그 당시만 해도 513명이 넘고 역사 속에서도 수없이 많이 나타났다. 예수님의 부활이 중요한 이유는 그 분은 부활의 첫 열매가 되셨고, 그분 안에 있는 사람들도 부활할 것이기 때문이다. 예수님의 부활의 DNA가 믿는 사람들 속에도 들어간다. 그리하여 예수님의 부활하신 모습과 동일한 모습으로 부활할 것이다.

"그는 만물을 자기에게 복종하게 하실 수 있는 자의 역사로 우리의 낮은 몸을 자기 영광의 몸의 형체와 같이 변하게 하시리라"(빌 3:21)

부활의 그날을 생각하면 자다가도 벌떡 일어나서 기뻐 데굴데굴 구르며 좋아하게 된다. 나는 춤을 한 번도 배워본 적이 없지만 부활의 주님, 나의 부활을 생각하면 기뻐서 스텝이 저절로 밟힌다. 이보다 더 좋을 수는 없다. 이 복음보다 더 큰 것은 아무것도 없다. 만일에 부활이 없다면 설교할 이유도 없다. 교회 존재 이유도 없다. 도덕적인 이유가 전부라면 구태여 예수님을 믿을 이유가 무엇인가? 죽음으로 끝나는 인생이라면 지금 살아야 할 이유가 무엇인가? 많이 쌓아둔 돈이 어떻게 나를 보장할 수 있나? 청춘도, 세상 영광도, 권력도, 인기도 소용없다. 다 물거품일 뿐이다. 그러나 우리 예수님은 부활하사 잠자는 자들의 첫 열매가 되셨다. 그리스도 안에서 죽은 자도 이 부활에 참여케 된다. 그러니 믿음은 절대 소망이다. 어떤 상황 속에서도 기쁨으로 견디는 것이다. 그것이 사랑이다. 부활의 소망이 분명해야 믿음, 소망, 사랑이 함께 존재하게 된다. 부활의 복음 앞에 사망이 더는 우리의 적수가 될 수 없다.

"보라 내가 너희에게 비밀을 말하노니 우리가 다 잠 잘 것이 아니요 마지막 나팔에 순식간에 홀연히 다 변화 되리니 나팔소리가 나매 죽은 자들이 썩지 아니할 것으로 다시 살아나고 우리도 변화되리라"(고전 15:51-52)

교회 설교 속에 부활의 복음이 파도처럼 흘러넘쳐야 한다. 부활의 복음이 믿어져야 현실의 한계를 극복하고 넉넉히 승리할 수 있게 된다. 예수님은 분명히 말씀하신다.

"세상에서는 너희가 환난을 당하나 담대하라 내가 세상을 이기었노라"(요 16:33)

죽어가는 자가 죽어가는 자에게 마지막으로 전하는 말

신학대학 시절 설교에 대하여 배운 적이 있다. 설교에 대하여 공부하면서 지금도 기억에 남는 말이 있다. 설교란 '죽어 가는 자가 죽어 가는 자에게 마지막으로 전하는 말'이라는 정의 이다. 생각해 보면 참으로 옳은 말이다. 설교자는 죽어 가는 사람이다. 청중도 죽어 가는 사람일 뿐이다. 설교하는 시간이 언제나 마지막이 될 수 있다. 그때 마지막으로 전하는 말씀은 어떤 말씀이어야 할까? 가장 중요한 말씀, 이 말씀을 전하고 죽어도 후회가 없는 말씀을 전해야 한다. 그러기에 설교자는 하나님의 말씀에 가감하지 말고 말씀대로 전해야 한다. 그럴듯한 이유로 하나님의 말씀에 가감하는 경우가 있다. 그것이 얼마나 큰 재앙인가를 성경은 분명히 밝혀주고 있다.

"내가 이 두루마리의 예언의 말씀을 듣는 모든 사람에게 증언하노니 만일 누구든지 이것들 외에 더하면 하나님이 이 두루마리에 기록된 재앙들을 그에게 더하실 것이요"(계 22:18)
"만일 누구든지 이 두루마리의 예언의 말씀에서 제하여 버리면 하나님이 이 두루마리에 기록된 생명나무와 및 거룩한 성에 참여함을 제하여 버리시리라"(계 22:19)

하나님 말씀에 더하거나 뺀 것이 인류를 불행하게 만든 시작이었다. 하와는 말씀에 가감함으로 사탄의 꼬임에 넘어갔다. 말씀의 기준이 분명해야 흔들리지 않는 반석 위에 굳게 설 수 있다. 설교자는 하나님의 말씀에 자신이 먼저 감동되고 확신이 설 때까지 엎드려야 한다. 읽고 또 읽고, 기도하고 또 기도하며 내가 전하는 말씀에 확신을 갖고 담대히 전해야 성도들을 변화시킬 수 있다. 물론 그 시간에 성령께서 역사하셔야 한다. 혹시 자기도 확신할 수 없는 말씀이거나 내놓을 수 있는 것이 아니면 전하지 말자. 전해도 아무런 소용이 없다. 강단은 말장난이나 할 만큼 여유로운 곳이 아니다. 지금은 긴급한 시대이다. 지금이 은혜 받을 때요, 구원의 날이다. 기회 지나가기 전에 말씀의 마지막 전달자처럼 진정성을 가지고 전해야 한다.

그러기에 목회자는 설교 준비에, 구역 소그룹 리더와 교사는 말씀 교육 준비에 최선을 다해야 한다. 특히 설교자는 1년 전부터 설교 본문과 제목을 준비하고 설교가 끝나면 다음 설교에 집중하고, 설교 준비가 금요일 오전까지는 완성될 수 있도록 말씀에 매달려야 한다. 설교를 준비하면서 계속 기도의 영을 불어 넣어 기도하며 준비한다. 설교하면서도 중보기도 팀을 두어 기도 중에 말씀을 선포한다. 설교와 말씀 교육은 종합예술이다. 혼자만의 일이 아니다. 여러 사람의 도움으로 한 편의 설교, 한 편의 말씀 교육이 선포되고 전수 된다. 그 한 순간에 청중을 살리기도 하고 죽이기도 한다. 생명의 젖줄이 말씀 가운데 흘러넘쳐 온 성도의 가슴과 눈을 적시도록 하면 저들이 살고 주변 사람을 살린다. 시편 기자가 보았던 헐몬산의 복이 이스라엘 전역에 임했던 것 같이 좋은 메시지는 자신을 살리고 주변 사람까지 살리는 힘이 있다.

헐몬산은 이스라엘 북쪽에 위치한, 이스라엘의 가장 높은 산인데 산 위쪽에서 내려오는 찬바람과 밑에서 올라가는 더운 바람이 만나 이슬 방울을 만든다. 그 이슬 방울이 땅에 스며들어 큰 웅덩이에 고여 1년 내내 흘러내린다. 그 물이 흘러 갈릴리 호수로 그리고 요단강을 타고 사해까지 이르면서 이스라엘 전역에 물이 흐르게 한다. 그 흐르는 물이 생명을 살린다. 사막과 같은 땅이라도 물이 흐르면 새싹이 나고 꽃이 피고 열매를 맺는다. 사람들까지 살린다. 말씀의 강물도 그러하다. 내 속에 생수의 강 곧 말씀이 스며들어 가득차고 그 가득한 말씀이 넘쳐나면 그 말씀이 흐르는 곳마다 주변 사람까지 살리는 복이 넘친다. 말씀에 은혜 받아야 가족에게도 기쁨이 되고 생기가 넘치게 된다. 은혜 받지 못하면 주변사람까지 피곤하게 하고 못살게 군다. 문제는 말씀에 달려있다. 말씀이 중요하다. 설교와 말씀 교육에 목숨을 걸어보라. 미치도록 말씀 속에 끌려 들어가서 최선을 다해 최고의 말씀을 준비해야 소망이 있다. 부흥의 불길이 다시 타오르는 재료가 말씀에서 나온다.

08
가슴이 불타는 주님의 제자가 **필요하다**

예수님 당시에도 예수님을 따랐던 사람들이 많았다. 병 고침을 받기 위해서 예수님 주변에 있었던 사람도 많았고 배고픔을 해결 받기 위해 예수님 주변에서 서성거렸던 사람도 있었다. 얼마나 많은 사람들이 인간적인 욕구 해결을 위해 예수님 주변에서 그분을 따랐는지 모른다. 오병이어의 기적을 행하실 때 장정만 5천 명, 어린이와 여자를 포함하면 2만 명이 넘게 있었다. 수많은 병자들이 병 고침을 받았다.

이쯤 되니, 이스라엘을 로마의 압제에서 해방시킬 정치적 메시야로 주님을 기대하며 따르는 무리들이 많아졌다. 예수님을 따르며 돈궤를 맡을 정도로 신임을 받았던 가룟유다도 정치적 메시야에 대한 기대감을 떨쳐 버리지 못했다. 예수님이 십자가를 지시기 위해 예루살렘에 입성하실 때 수많은 무리들이 열렬히 환영하며 "호산나! 호산나!"를 외쳤다. 그러다가 결국 자기들의 기대가 빗나가게 되자 저들은 돌을 들었다. 예수님을 십자가에 못 박으라고 외치는 성난 군중이 되었다. 예수님의 일생은 십자가 위에서 무력하게 패배로 끝나는 듯 보였다. 저들은 승리의 함성을 지르며 좋아했다.

그러나 예수님은 무덤에서 일어나 다시 사셨다. 부활의 영광스러운 변화를 보여 주셨다. 그 이후 어떻게 되었는가? 군중들은 결국 세상을 변화시키는 힘이 못 되었다. 저들은 우매하여 분위기에 따라 우왕좌왕하는 사람들이었다.

누가 세상을 변화시키는 사람들인가? '창조적 소수'이다. 창조적 소수인 제자로 훈련된 사람들이다. 예수님은 군중을 무시하지 않으시면서 열두 제자를 훈련시키셨다. 참으로 적은 숫자요, 세상의 기준으로는 별 볼일 없는 사람들이었다. 대부분 촌사람이요, 배움이 많지 않은 사람들이었다. 저들을 불러 3년 동안 함께 하시며 자신의 삶을 나누고 보여 주셨다. 이끌어 주셨다. 저들은 주님의 손에서 다시 빚어지는 사람들이 되었다. 그러나 여전히 연약하고 부족했다. 훈련된 열두 제자가 오순절 성령의 충만을 받고 세상 속에 뛰어들어 세상을 변화시키는 중심에 섰다. 저들의 가는 길을 그 누구도 막지 못했다. 생명을 걸고 나아가 복음을 증거 하는 선봉에 섰다. 복음이 증거되는 곳마다 세상이 변화되는 놀라운 역사가 일어났다. 수많은 사람들의 마음이 변하고 생각이 바뀌었다. 인생을 송두리째 변화시키는 놀라운 일이 일어났다. 역시 예수님의 방법이 옳았다. 힘들고 오래 걸리고 어려운 일이지만 오늘날 교회에도 창조적 소수인 제자들을 훈련의 장으로 끌어들여 성령의 능력으로 훈련하는 일이 필요하다.

예수님의 제자훈련이 목회의 본질이요, 기본임을 깨닫게 된 것은 1975년의 일이다. 이동원 목사님이 미국에서 한국에 들어오셔서 청년부흥과 한국은행선교회를 이끌며 지도할 때 '제자훈련'이란 말을 쓰셨다. 순간, '이것이 목회다'하는 영감이 스쳐갔다. 그 이후 '제자훈련'을 나름대로 계발하여 훈련하던 중 1981년에 옥한흠 목사님을 만나게 되었고 교회 속에 적용하는 제자훈련의 모델을 보게 되었다. 늦었지만 참으로 다행스럽다고 생각되는 것은, 이제라도 한국 교회가 제자훈련을 목회의 기본으로 여기고 세워지는 길을 발견했다는 점이다.

사역의 방법(skill)이 아니라 **사역의 원리**(principle)

세월 따라 유행 따라 변해야 할 것이 있고, 변하지 말아야 할 것이 있다. 상대적 가치를 가지고 있는 것은 변할 수 있으나, 절대적 가치를 가진 것은 결코 변할 수 없다. 옷은 유행 따라 장소에 따라 갈아입어야 하지만, 부모나 자식은 갈아 치울 수 없다. 끊어 버릴 수도 없는 관계이다. 비본질적인 것은 타협할 수 있으나 본질적인 것은 타협할 수 없다.

내가 보기에, 제자훈련은 사역의 본질이요 변할 수 없는 원리이다. 성경을 읽을수록 사역을 하면 할수록 '제자훈련'이 목회의 가장 중요한 원리임을 확인하게 된다. '제자훈련'이 중심이 된 목회는 어떤 장소에서 어떤 크기의 목회를 하게 되든 상관없이 할 수 있는 가장 분명한 사역의 원리이다. 개척 교회는 개척 교회에 맞는 제자훈련을 할 수 있고 농어촌 교회는 농어촌 교회 속에서 얼마든지 제자훈련이 가능하다. 대형 교회는 대형 교회대로 '제자훈련'을 할 수 있다. 적은 인원으로도 할 수 있고, 많으면 열두 명 정도로 나누어 여러 반으로 할 수 있다. 어떤 형태의 교회이든 제자훈련은 포기하지 말고 끝까지 해야 하는 절대 사명이다.

물론 나 역시도 제자훈련을 하는 과정에서 힘든 시기가 있었다. 개척 교회 시절에는 성도가 별로 없었기 때문에 2~3명을 데리고 제자훈련을 했다. 그 모임만 2년 이상 지속되자, 여기에 이렇게 많은 시간을 집중하는 것이 과연 옳은 것인가 하는 고민이 찾아왔다. 그러나 몇 년 동안 계속된 시간에도 불구하고 포기하지 않았다. 그리고 그 인내의 시간이 지나고 나니 이후에 좋은 열매들이 맺히는 것을 경험할 수 있었다.

수백 명 이상의 성도가 있는 교회에서도 역시 제자훈련에 집중했다. 이때, 왜 "우리 담임 목사님은 소수의 사람에게만 집중하느냐"는 곱지 않은 시선들도 있었다. 그들 눈에는 담임 목사가 몇 명만 편애하는 것 같다는 인상을 받았던 것이다. 더 나아가, "왜 우리 목사님은 심방이나, 다른 좋은 프로그램들은 하지 느냐"하는 불만들까지 나오기도 했다. 그러나 결국 이런 불만들은 기존 제직들을 중심으로 점차 많은 사람들을 제자훈련에 함께 끌어들여 동참하게 했을 때, 눈녹듯이 사라지는 것을 경험할 수 있었다.

수백 명, 수천 명이 모이는 교회에서 제자훈련을 진행할 때 가장 힘든 점은 건강 문제이다. 대여섯 개의 그룹을 동시에 감당해 나갈 때 체력적 소진이 정말 많았다. 과로로 힘들다 보니 집중도가 떨어지는 것을 느끼기도 했다. 그러나 국제제자훈련원의 여러 모임들에 참석하면서, 그 가운데서 열정을 다시금 회복할 수 있었고, 무엇보다 스텝들의 격려에 큰 위로를 받았다. 결국 이런저런 과정에서도 제자훈련에 대한 열정과 소망을 잃지 않도록 노력하는 것이 가장 중요한 성공 요인이라고 본다.

이제 그동안 본인이 제자훈련을 중심으로 했던 목회 여정을 차분히 돌아보면서, 느끼고 경험한 것들을 정리해 보고자 한다. 그리고 어떤 상황과 어려움에 처할지라도 제자훈련을 절대 포기하지 않아야 할 이유에 대해서 생각해 보고자 한다.

첫째, 제자훈련은 예수님이 하신 사역 원리이기 때문에 교회 현장에서 포기하지 말아야 한다. 예수님은 대중에게도 깊은 관심을 갖고 필요를 채우시며 말씀을 전파하시고 돌보아 주셨다. 수많은 무리들을 결코 외면하지 않고 필요한 양식과 말씀으로 저들의 필요에 응답하셨다. 군중들에게 말씀을 전파하시고 가르치셨다. 대중을 향한 사역도 소홀히 하지 않으셨다. 지금도 목회자들은 대중 사역을 힘써 하고 있다. 설교에 많은 시간을 투자하고 예배를 통하여 초월적인 하나님을 경험토록 한다.

동시에 예수님은 열두 제자들을 불러 저들과 함께 삶을 나누고 훈련을 시키셨다. 그 결과 훈련된 창조적 소수인 제자들은 전 세계를 뒤집어 놓았다. 열두 제자들에게 많은 시간을 투자하여 세워 주시는 일을 조금도 게을리하지 않으셨다. 제자훈련과 같은 개인 사역을 통하여 내재하시는 하나님을 경험케 하였다.

대중 사역과 개인 사역은 사역의 양 날개와 같아서 무한한 가능성의 미래를 향하여 훨훨 날아갈 수 있다. 한쪽 날개만으로는 멀리 날 수 없다. 아무리 몸부림쳐 보아도 제자리걸음에 불과하다. 예수님 손으로 빚어진 제자들이 성령의 충만을 받은 후에는 온 세상에 복음을 전하는 데 자기의 목숨을 아낌없이 내어 놓았다. 열두 제자를 훈련시키지 않았다면 오늘까지 기독교의 맥을 이어 갈 수 없었을 것이다. 결국은 제자로 훈련된 사람들만이 끝까지 예수님을 따르게 되었다. 예수님의 원리는 옳았다. 예수님의 원리를 따라 목회하는 것이 목회의 기본기이다. 기본기를 제쳐 놓으면 잡기에 아무리 능해도 소용이 없다. 더 크게 발전하지도 못할뿐더러 결국은 무너지기 때문이다.

둘째, 제자훈련은 성경적 원리이기 때문에 결코 포기 할 수 없다. 모세는 여호수아를, 엘리야는 엘리사를 제자로 삼아 훈련하였다. 훈련된 제자들에게 사역이 계승되어 이전보다 더 큰 사역을 하게 되었다. 바울은 디모데에게 디모데는 충성된 사람들에게 충성된 사람들은 또 다른 사람들에게 복음을 전수하고 삶을 보여주는 제자훈련을 제대로 하였다. 이 원리에 따라 목회하는 사람들은 성경의 원리를 따르는 것이다. 성경은 목회의 가장 중요한 필수 과목이다. 필수과목을 제대로 이수하면 그 원리가 어디서나 보인다. 성경의 원리를 따르는 것은 언제나 포기할 수 없는 진리이다.

셋째, 제자훈련은 각 사람의 특성에 맞게 세우는 훈련이기 때문이다. 사람은 대량 생산이 불가능하다. 신발 공장에서 신발을 만드는 것과는 전혀 다르다. 상품들은 기계에 의하여 대량 생산이 가능하지만, 사람은 한 사람 한 사람이 각기 다른 때와 장소 그리고 부모를 통하여 세상에 태어났다. 하물며, 한 사람의 영혼이 새롭게 거듭나고 변화되는 과정이야 더 말해 무엇 하겠는가? 각 사람들의 오묘한 '영적 개성'을 충분히 고려하고, 그 한 사람 한 사람에게 적절한 교육과 훈련이 필요할 것이다. 제자훈련은 한 사람 한 사람을 그 사람의 특성에 맞게 세우는 것이 가능하다. 소수의 사람들이 모이기 때문에 자기 속에 있는 것들은 다 털어놓을 수 있다. 내면을 털어놓는 그때부터 한 사람 한 사람을 다듬어 나갈 수 있게 된다. 맞춤형 양복과 같이 자기 몸에 꼭 맞게 하여 편안함을 느끼게 한다.

넷째, 제자훈련은 무너지지 않는 건강한 교회로 세우는 훈련이기 때문이다. 오늘날 수많은 교회들이 여러 가지 이유로 갈라지고, 무너지고, 떠나는 모습을 볼 수 있다. 그렇게 되는 근본적인 원인은 훈련하여 일감을 주고 직분을 주는 일에 게을렀기 때문이다. 제자훈련은 막대한 대가를 지불해야 하는 고가의 사역이다. 그래서 많은 이들은 그 대가를 지불하기를 싫어한다. 그러다 보니 처음에는 좋았지만 세월이 흐를수록 다성에 빠져들게 된다. 교회의 건강도는 점점 낫아지고 결국은 무너지기도 하는 것이다. 제자훈련은 교회가 교회되게 하고 건강한 교회로 세워지게 한다. 훈련된 사람들은 자기에게 주어진 일감을 찾아 감당할 수 있다. 그러나 훈련되지 못한 사람들은 일을 할 것 같지만 실제로는 두렵고 힘들어서 감당키 어려워진다. 건강한 교회는 제자로 훈련된 건강한 사람들이 만들어내는 작품이다. 그러므로 제자로 훈련된 사람 중에서 직분자를 뽑아 세워갈 때 건강한 교회의 모습을 볼 수 있게 된다.

다섯째, 제자훈련은 사역자들의 최고의 보람과 행복이기 때문이다. 제자훈련은 목회의 꽃이요 열매이다. 제자훈련을 통하여 사람들이 세워지고 성숙하는 것을 바라보면 사도 바울의 고백이 절로 나온다.

"만일 너희 믿음의 제물과 섬김 위에 내가 나를 전제로 드릴지라도 나는 기뻐하고 너희 무리와 함께 기뻐하리니 이와 같이 너희도 기뻐하고 나와 함께 기뻐하라"(빌 2:17-18)

성도들이 제자로 훈련되어 성장해 가는 모습을 바라보는 사역자의 보람과 행복이 크기 때문에 제자훈련의 맛을 모르는 사람은 사역의 참 맛을 모르고 있는 것이다. 사람들이 믿음 안에서 주님의 제자로 세워지며 성숙한 모습을 바라보는 재미가 없는 사역은 행복하지 않다. 사람을 돌보고 세우는 일은 행복한 사역이다. 자다가도 벌떡 일어나 기뻐하며 손뼉을 칠 수밖에 없는 행복이다. 이 행복이 제자훈련 하는 사람들의 공통된 모습이다.

여섯째, 제자훈련이 오늘의 사역을 살려내는 유일한 대안이기 때문이다. 주님은 베드로에게 거듭하여 세 번씩이나 "네가 나를 사랑하느냐?"라고 물으신 후에 "내 양을 치라", "내 양을 먹이라" 분부하셨다. 승천하시면서 "모든 민족을 제자로 삼아 아버지와 아들과 성령의 이름으로 세례를 베풀고 내가 너희에게 분부한 모든 것을 가르쳐 지키게 하라"(마 28:19-20)고 말씀하셨다. 결국 예수님의 분부를 따르는 길만이 오늘날의 사역을 다시 살려 낼 수 있다.

실제로, 나 자신은 개척 교회를 시작할 때 아무것도 가진 것이 없어서 백만 원을 꾸어서 시작할 때도 제자훈련을 했다. 수백 명이 모이는 교회, 그리고 수천 명이 모이는 교회를 담임하는 지금도 동일하게 제자훈련을 하고 있으며, 놀라운 사역의 열매를 맛보고 있다. 이처럼, 어느 땅 어느 곳에서도 제자훈련은 가능하다. 개척 교회든 큰 교회든, 시골 교회든 도시 교회든 말이다. 또 옛날이나 지금이나 미래나 제자훈련이 목회의 대안이다. 고목나무 같은 곳에서 꽃을 피우고 열매 맺는 경험을 할 수 있는 것이다.

결국 원리는 같다. 원리가 잘 되어 있을 때 교회는 건강하게 성장한다. 그렇지 않으면 일시적으로 잘 되는 것처럼 보이나 시간이 지나면 무너진다. 잘 되는 것 같다가 마지막에 무너지는 것도 많이 보았다. 제자훈련을 잘 하면 끝날 때도 멋있게 끝날 수 있고, 단 한 명의 성도만으로도 행복하게 목회할 수 있다. 숫자의 많고 적음이나, 지식의 많고 적음이 결코 중요하지 않다. 예수님도 열두 명으로 목회하셨고, 시골에서 목회하셨다. 그들과 함께 생활하셨고, 사랑을 보여 주셨고, 능력을 보여 주셨다. 그리고 그것을 제자들이 전수받아서 하나님 나라의 확장을 위해 뛰지 않았는가?

미래의 사역의 대안도 제자훈련 밖에 없다. 제자훈련을 통해 세워진 사람들에게 권한을 위임하고 더불어 사역할 때 미래 목회 사역의 전망은 밝을 수밖에 없다. 오늘의 교회 현장을 반드시 살려내야 한다. 예수님의 분부를 따라 함께 하고, 예수 그리스도를 증거 하는 데 쓰임 받는 제자훈련의 현장에 언제나 서 있어야 한다. 때로는 힘들고 지칠지라도 포기하고 싶은 유혹이 밀려와도, 결코 포기하지 말고 끝까지 제자훈련에 힘쓰는 사역의 현장이 되도록 하자.

제자훈련을 시작하려면

대부분의 교회에서 하는 성경공부는 일방적이고 주입식인 경우가 많다. 때문에 일반적으로 성도들이 소그룹 안에서 귀납법적으로 자신들의 삶을 오픈하여 나누는 부분에서는 매우 취약하다. 열정은 강해도, 삶의 적용부분도 약할 뿐 아니라 스스로 결심하는 부분도 부족하다. 이런 기존의 토양에서 전교인을 제자가 되게끔 한다는 비전을 가지고 제자훈련을 진행하는 것이 쉬운 일은 아니다.

특히 나는 새롭게 부임하는 교회들마다 이 작업을 시작했다. 이것은 일종의 거대한 보수공사이다. 따라서 이러한 출발시점에서 가장 중요한 것은 교회의 주요 리더들이 변화되는 모습을 성도들에게 보여주는 일이 선행되어야 한다. 이미 많은 성경 공부와 훈련 프로그램을 오랜 세월 경험한 장로들과 중직들이 새롭게 시작하는 제자훈련을 받아들이기는 쉽지 않다. 그러나 그들이 리더로서 성도들을 잘 품으려면 먼저 삶의 변화를 위한 제자훈련을 다시 받아야 한다고 설득하는 것이 중요하다.

지금 내가 사역하는 은평교회의 경우, 부임한 이래 처음 2년 동안 한 일이 이러한 터다지기 작업이었다. 이 마음을 나누기 위해 제자훈련 기간 동안 함께 식사를 한 것만도 백 번이 넘었을 것이다. 그렇게 2년 정도 목회 마인드를 나누며 제자훈련을 하게 되니까, 그들이 가지고 있었던 이전의 수직적 사고 방식이 수평적 생활 방식으로 바뀌었고, 또 그들이 바뀐 모습을 성도들이 보며 교회 전체가 제자훈련을 '당연히' 해야 하는 쪽으로 분위기가 잡히는 것을 볼 수 있었다. 리더는 리더다. 리더가 변화되니까 교회 분위기가 변화되는 것이다. 지금은 구역장(소그룹 리더), 평신도 사역자 그리고 교회의 중직이 되기 위해서는 제자훈련을 받는 것이 필수임을 거부하는 사람은 거의 없을 정도가 되었다.

눈높이 제자훈련의 철학으로

훈련 환경의 다양성, 이것이 본인이 특별히 강조하는 나만의 제자훈련 철학이다.

보통 많은 한국 교회들이 하고 있는 제자훈련을 보면, 교실 수업 같은 인상을 받는 경우가 많다. 그러나 제자훈련은 무조건 교실에서만 이루어지지 않는다. 예수님은 제자들과 함께 식사를 나누거나 실제 삶을 나누며 같이 돌아다니면서 고난과 기쁨을 나누셨다. 거기다가 영적 충만함을 겸비한 훈련을 하셨다. 따라서, 제자훈련은 예수님이 하셨던 것처럼 삶 속에서의 다양한 훈련 방법들을 사용해야 한다. 지역과 문화, 혹은 상황에 맞추어 달리 적용하는 것이다. 쉽게 말하면, 시골에서 제자훈련을 시킨다면 꼭 교실에 앉혀놓고 하는 것이 아니라 함께 논밭에 앉아 이런저런 대화로 주거니 받거니 하면서 삶을 변화시킬 수 있다는 것이다.

실제로 은평교회의 경우, 훈련생들이 삶의 현장에 나가 직접 몸으로 채득하도록 유도하고 있다. 교회에 나오고 있는 120여 명의 지적장애인들을 위한 자원봉사나, 오갈 곳 없이 서울역에서 노숙하고 있는 사람들을 위한 봉사, 이주민을 위한 봉사 혹은 긴급 재난이 있을 때 우선적으로 제자훈련생이 투입되어 봉사 활동을 하도록 하는 것이다. 또한, 훈련 도중 2박 3일 정도 순교지를 돌아보며 복음을 위해 희생하고 헌신한 순교자들의 믿음을 돌아보게 하기도 하고, 영성 훈련을 포함하여 해마다 성지순례와 단기선교 등을 통하여 생활 속에서의 선교와 전도 훈련을 병행하도록 하고 있다.

또한 내가 제자훈련의 방법론에서 강조하는 것은 수준별 제자훈련이 이뤄져야 한다는 것이다. 즉, 제자훈련은 리더 중심보다는 오히려 훈련생 중심으로 이루어져야 한다. 기본 과정인 새신자 훈련과정을 끝낸 성도들은 자유롭게 성경공부반을 선택하게 한다. 각자의 필요와 영적인 욕구에 맞게 양육이 이루어지게 하는 것이다. 교역자의 일방적인 선택으로 이루어지는 양육은 부작용이 그만큼 크리라 생각되기 때문이다.

교역자의 입장에서 어떤 시스템에 맞추어서 훈련을 시키는 것이 아니라, 성도들 개인이 원하는 때에 원하는 시간에 맞추어서 훈련을 시킨다. 각자의 영적인 상태에 따라 수준별로 훈련 그룹을 만들거나, 각 연령층의 단계적 특징도 고려하여 반을 편성하는 것이 필요하다. 마치 한 부서를 여러 개 팀으로 나누는 것처럼, 연령층의 구분도 최대한 많이 세분화하여 각 세대에 맞게 제자훈련을 효율적으로 적용하는 것이 필요하다.

제자훈련은 다양한 눈높이 훈련이 필요하다. 너무 똑같은 방식을 고집해서는 안 된다. 그것은 예수님의 방법이 아니다. 실천력이 약한 사람한테는 실천력을 강화하도록 하고, 지적인 부분이 부족한 사람은 지식을 강화시켜야 한다. 시간이 없는 사람들은 그 사람들의 시간에 맞추어 제자훈련을 시켜야 한다. 책 읽기를 좋아하는 사람은 돌아다니는 걸 싫어하듯이, 반대로 책 읽어오고 암송하는 것이 죽어도 되지 않는 사람이 있는데 이 사람에게 책 읽기를 강조하기보다 자신에게 맞는 부분을 훈련 시겨주어야 한다. 즉, 개인의 개성이나 성향을 충분히 반영해 주어야 한다는 것이다.

이를 위해 선행되어야 할 것은 다양한 개인의 성향을 파악하는 것이다. 이를 위해 애니어그램(Enneagram), 성격유형검사(DISC, MBTI)등의 도구를 사용하거나, 혹은 개인별 면담을 통해 개인의 학습성향을 분석할 수 있다. 또한 경우에 따라서는 훈련 도중에 실제로 개인의 성향을 파악하여 다양하면서도 융통성 있게 훈련을 적용하는 것도 필요하다.

매번 훈련생들을 개별적으로 파악해 보면 무언가 특별한 사람이 두세 명 정도는 나온다. 그때마다 그들을 인정해 주면서 그들의 성향을 잘 조절해 주어야 할 필요를 느낀다. 그들의 필요에 따라 지혜롭게 잘 보살펴 주면 나중에 더 훌륭하게 쓸모 있는 사람으로 거듭나게 되는 경우를 많이 보게 된다. 그때까지 필요한 건 그들의 변화를 지켜보며 기다려주는 것이다.

특히 이러한 기다림은 오랜 시간이 필요하고 리더의 인내가 필요하다. 그 누구보다, 구역 소그룹 리더가 꼭 명심해 달라고 요청하고 싶은 '리더의 덕목'이기도 하다.

제자 훈련에 꼭 담아야 할 내용들

제자훈련을 시작할 때는 먼저 목회자 및 평신도 지도자들이 제자훈련에 대한 분명한 철학을 정립하고 꼭 해야겠다는 불타는 마음을 함께 모아야 한다. 성경을 통하여 특히 복음서를 통하여 예수님의 제자훈련이 어떠했는가를 살펴보라. 그리고 제자훈련 모델 교회들을 탐방하여 보라. 특별히 국제제자훈련원에서 주관하는 '제자훈련 지도자 세미나'를 필수적으로 이수해 보라. 그런 후에 자기 교회 토양을 조성해 보자. 토양이 제자훈련 하기에 굳어진 산성화된 토양이라면 많은 시간과 노력을 통해서 알칼리성 토양으로 조성하는 일이 필요하다. 곧 마음을 옥토화하는 것이다. 이것은 고목나무에 감나무를 접붙이듯이 율법과 외식에 물들어 있는 곳에 복음과 생명의 본질을 회복시키는 제자훈련 목회를 접목시키는 일이다. 제자훈련 목회가 꽃을 피우고 열매를 맺으려면 처음부터 질 높고 강도 높은 훈련이 필요하다. 이 훈련에 빼놓을 수 없는 중요한 요소들이 있다.

첫째, 제자훈련은 어느 정도 정해진 교재가 필요하다. 교재는 제자훈련의 한 도구이지 그 자체를 다루었다고 과정을 마쳤다고 좋은 제자가 되는 것은 아니다. 다양한 과정을 담은 교재를 중심으로 하여 꼭 담아야 할 내용이 있다.

둘째, 큐티(Q.T)의 생활화다. 매일 하나님의 말씀을 깊게 묵상하면서 하루를 시작하고 살아가고 마무리 짓게 한다. 깊은 말씀 묵상이 없이는 좋은 제자가 만들어 질 수 없다. 또한 매일 기도를 30분에서

1시간 이상 하는 일이다. 기도가 부족한 제자훈련은 가슴이 메마르고 이성만 발달할 수 있다. 늘 기도실에서 하나님께 여쭤보고 호흡하면서 지내야 오랫동안 훈련을 감당할 수 있다. 강도 높은 훈련을 이겨 낼 수 있다. 복습과 예습은 필수다. 복습과 예습이 충분히 안 되고는 수업시간에 마음을 열 수 없다. 제대로 방향을 잡을 수 없다. 철저한 복습과 예습이 필요하다.

셋째, 열린 마음이 준비되어야 한다. 마음 문을 열고 함께 나누지 않으면 '성경공부'에 불과한 한 과정이 될 뿐이다. 서로가 서로에게 열린 마음이어야 그때그때 성령의 도움을 받아 교감이 가능하고 더 깊은 관계의 영성으로 이끌려가게 된다. '함께' 하는 시간과 '개별'적인 시간이 조화롭게 필요하다. 예수님도 그의 제자들과 함께 하시고 또 개별적으로 내보내셨다. 함께 하면서 서로가 하나인 공동체임을 깨닫게 되고, 예수님의 인격을 닮은 사람에게 그 인격과 삶을 전수받는다.

넷째, 삶의 현장이 중요하다. 예수님과 함께 함을 배웠으면, 그것을 개별적으로 적용하는 삶을 위하여 삶의 현장으로 가야한다. 적용하는 삶이 제자훈련에 중요한 핵심이다. 말씀을 배우고 깨달았으면 어떻게 살아갈 것인가? 스스로 적용을 위한 구체적인 방법을 찾아내 기도 하고 과제물을 통하여 주어진 삶의 적용이 제자의 삶으로 변화시켜 준다. 성경 암송도 필수적인 내용이다. 말씀을 읽고, 듣고, 연구하고, 암송한다. 그리고 암송한 것을 묵상하고 적용한다. 언제나 말씀을 암송함이 믿음의 큰 힘이요. 삶의 변화를 이끌어 가는 동력이 된다.

제자훈련은 교실 안에서 그리고 세상에서 계속된다. 교실 안에서 원리를 배운다면 교실 밖에서 삶의 현장에서 삶을 배운다. 함께 하는 교제, 함께 하는 MT, 함께 가는 순교지 순례 및 성지 순례, 단기 선교로 이어지면서 제자의 삶의 길을 세상에 펼쳐간다. 재난이나 고통당하는 이웃에게 찾아가서 함께 하고 해결하는 모습을 봄으로 서로가 세워 주고 위로한다. 제자훈련은 곧 삶이다.

분명 훈련에는 아름다운 열매들이 맺히게 된다. 내적인 열매로 같은 비전을 갖게 하고 인격적 성숙이 나타난다. 사랑의 관계가 형성되고 삶의 치료가 나타난다. 외적인 성장의 열매도 따라온다. 교회가 양적으로 성장하고 교회 재정도 증가하고 교회가 실제 공간도 확장된다. 선교지의 확장이 계속 따라온다. 교회 체질도 변화된다. 분위기가 율법적 분위기에서 복음적 분위기로 개선되고 수용성이 커진다. 좋은 소문이 각처에 두루 퍼지고 서로에게 주신 은사를 활용하여 서로 섬기게 된다.

목회자와 평신도리더 자신에게도 좋은 열매가 맺어진다. 사람을 섬기는 사역에 대한 행복감이 더 많아진다. 때로는 육체적으로 힘들고 지치지만 제자로 성장하는 성숙한 모습을 바라보면 사도 바울의 행복한 심정을 느낄 수 있다.

그 행복감 속에서 자기 자신을 계속적으로 계발하게 되고 담대한 용기로 어떤 상황이든 돌파할 수 있는 힘을 얻는다. 미래를 향한 변화를 시도할 때 부딪히는 큰 저항을 이겨 낼 수 있고 목회의 엄청난 자원을 확보하며 점점 목회가 수월해진다. 여러 사람이 함께 나누어 짐을 지고 갈 수 있게 되니 목회의 현장이 많이 부흥되어도 걱정이 없게 된다.

자칫 잘못 관리하면 발생하는 문제점도 있다. 심방의 부족 현상으로 채울 수 없는 갈증을 제자훈련 밖에 있는 사람들이 느낄 수 있다. 고가의 대가를 지불하는 사역이기에 건강상의 한계에 부딪힐 수도 있다. 훈련 시간만 세 시간씩, 게다가 준비하는 시간도 많이 소요되고 여러 반을 맡다 보면 몸에 한계를 느낄 수 있다. 적절한 조절이 필요하다. 잘못 훈련된 이들이 기득권을 주장하고 특권 의식을 갖게 되는 문제도 있다. 훈련받지 못한 이들에 대한 편견과 무시하는 경향이 나타날 수도 있다. 또한 기대에 못 미치는 삶이 큰 부담으로 작용하기도 한다. 이것은 제자훈련 현장에서 만나는 사역자들의 현실적 숙제가 되지만, 제자훈련은 이것을 넉넉하게 감수하고 이겨낼 만큼 값진 사역이다.

09
서로의 삶 속에서 제자를 발견하다

'만남' 속에서 참된 교회의 모습을 보았다

 예수님은 창조적 소수인 그의 제자들을 훈련하면서 동시에 수많은 군중을 가슴에 품으셨다. 군중의 필요를 무시하지 않고 병든 자를 고치시며, 천국 복음을 전파하시고 가르치셨다. 즉, 대중 사역과 개인 사역의 균형을 이루시면서 공생애를 보내셨던 것이다. 우리 목회의 현장에서도 이 균형이 조화를 이루어야 한다. 제자훈련 사역을 통해서 소수의 사람들에게 집중하여 제자로 세워주는 일과 수많은 군중들의 요구에 응답하는 일을 균형 있게 해주어야 한다. 이를 위해서 명심할 것들이 있다.

 첫째, 먼저 제자훈련 원리에 충실하라. 예수께서는 소수의 제자들을 선택하시어 많은 시간을 같이 보내시면서 보여 주시며 가르치시며 훈련하셨다. 보여 주신 삶의 모범을 실제 삶에 적용하도록 세워 주셨다. 지킬 때까지 가르치심으로 삶의 변화를 이끌어 내셨다.

그분은 성령의 권능이 사역 현장 속에 나타나도록 제자들에게 귀신을 추방하며 각색 병자들을 고칠 수 있는 능력을 주셨다. 많은 기사와 표적으로 예수님을 증거할 수 있도록 능력을 부어 주셨다. 말씀을 가르치시고 그 말씀을 통하여 살아계신 하나님을 체험할 수 있도록 도와주셨다. 한 사람 한 사람 그 사람의 눈높이에 따라 양육하고 훈련하여 복음을 전하는 주님의 제자로 세우는 일로 공생애 기간 내내 저들에게 집중하셨다.

우리 목회의 현장에도 제자훈련 원리에 충실할 필요가 있는데, 이는 곧 많은 시간을 투자하여 가르치고 보여주고 적용할 수 있도록 하는 것이다. 하나님 앞에서 자기를 세워가는 시간, 경건의 시간(Q.T.)과 많은 은혜를 함께 나누며 공부하는 시간, 그리고 말씀대로 살아가는 삶의 현장이 조화롭게 이루어지도록 최선을 다해 주어진 훈련 시간에 집중해야 한다.

둘째, 보다 큰 그림으로 세상을 내다보라. 제자훈련을 하다 보면 많은 보람을 느끼고 열매를 거두게 된다. 그러나 이런 긍정적 결과에만 집중하다 보면 자칫 편협한 시각에 사로잡힐 수 있다. 큰 그림으로 세상을 보지 못하고 안목이 좁아질 수도 있다. 고립된 울타리 속에서 다른 사람들이 들어오는 것을 거절하며 자기와 같은 방법으로 제자훈련을 하지 않는 사람들을 우습게 볼 수도 있다. 그리하여 동역자들과의 교제도 좁아지고 세상 여러 부류의 사람들을 만나는 게 매우 인색해 질 수도 있다. 세상을 내다보는 안목이 상당히 좁아질 수도 있다.

그러나 진정한 제자훈련은 보다 큰 그림으로 세상을 내다보는 것이다. 동역자들과의 교제의 폭도 넓혀가고 다양한 사람들과의 만남의 폭도 넓혀 가야 한다. 더 많은 사람들과 관계를 맺어 가면서 하나님 나라의 좋은 협력자로 세워져야 한다. 나와 좀 다른 성향의 동역자라 할지라도, 넓은 마음으로 품고 보면 서로가 하나님 나라를 위하여 협력할 일이 많이 있음을 발견하게 된다. 같은 목회철학을 가지고 제자훈련 중심의 목회를 하는 사람들과의 교제는 제자훈련의 깊이와 넓이를 더해 갈 것이다. 서로의 약점을 보완하는 계기가 될 수 있다. 또한 그 폭을 넓혀 여러 부류의 사람들과도 시간을 내어 만날 수 있어야 하나님 나라를 확장하는데 도움이 된다. 세상의 지도자들과도 만나야 하고, 불신자 그룹까지 교제의 폭을 확대할 필요가 있다. 우리가 피할 사람은 아무도 없다. 그 누구라도 거리낌 없이 만나서 가슴을 열고 보면 복음의 넓은 품으로 안기는 날이 오게 된다.

한국 교회를 한 지붕 아래 들어 오도록 연합하는 일, 민족적 고통과 아픔 속에 뛰어들어 함께 고통을 나누는 일에도 시간을 내야 한다. 주님은 다양한 모습으로 우리 앞에 나타나시는데 우리는 교실 속 수업에만 매여 있을 수 없다. 배운 바를 삶의 현장 속에 실천해야

만 한다. 더 나아가, 이 시대가 고통당할 때 함께 고통하고, 내 민족이 아파할 때 함께 아파하는 현장 속에 우리가 있어야 한다. 주님이 "내가 힘들어 하고 고통 받을 때 너는 어디에 있었느냐?"라고 물으신다면 나도 그들 가운데 있었다고 대답할 수 있도록 해야 한다. 강단과 교실에서뿐 아니라, 삶의 현장으로 훈련의 장이 넓게 펼쳐져야 한다. 불신자 속에 뛰어들어 저들과 함께 하는 시간이 있어야 좋은 관계를 맺고 복음을 전할 수 있는 기회를 갖게 된다. 예수님은 불신자들에게 전도하는 기회를 친히 가지셨고, 제자들에게 보여 주셨다. 그리고 제자들이 복음을 전하도록 세상에 보내신 것이다.

결국, 사람이 어떤 사람과 관계를 맺느냐는 목회 사역의 성패를 좌우할 만큼 중요한 것이다. 그리고 좋은 관계를 맺으려면 자신의 희생이 필요하다. 언제나 낮은 자리로 내려가서 섬기는 삶이 있어야 한다. 좋은 관계의 폭을 확장해 나갈 때 내 속에 있는 복음, 곧 하나님 나라가 확장될 수 있다.

셋째, 오직 하나님 나라 확장을 위한 모임에 효과적으로 참여하라.

"오직 성령이 너희에게 임하시면 너희가 권능을 받고 예루살렘과 온 유대와 사마리아와 땅 끝까지 이르러 내 증인이 되리라 하시니라"(행 1:8)

성령은 우리로 하여금 교제의 폭을 넓혀 가도록 인도하신다. 제자훈련 하는 사람들과 많은 시간을 보내고 서로 하나님의 일꾼들로 세워 주면서 그들이 또 다른 사람을 훈련하여 세울 수 있도록 하려면 교제의 폭을 넓혀야 한다.

시간을 내어 서로 동거하고 연합할 때 하나님은 이 모습을 아름답게 여기신다. 이에 우리는 교제의 문을 닫지 말고 활짝 여는 노력이 필요하다. 제자훈련에서 중요한 요소 중 하나가 교제를 확장해 가는 것이다. 교제의 폭을 넓혀 가는 목적은 자기의 유익 때문이 아니라 서로를 세워 주어 하나님 나라를 확장하기 위함이다. 하나님 나라를 확장하는 모임이라면 시간을 쪼개서라도 효과적으로 참여하여 교제의 폭을 확대해 나가는 것이 필요하다.

그렇다면, 교제의 폭을 넓힌다는 것은 무엇인가? 이는 먼저 내 마음을 넓힌다는 의미를 내포하고 있다. 나와 다른 사람을 만나면 불편할 수 있고, 심지어 거부감이 들 수도 있으나 결국 그런 모든 상황을 이해하고 너그럽게 받아들일 수 있는 인격이 먼저 형성되어야 하는 것이다. 그러할 때 나와 다른 사람을 '틀린 것'으로 보지 않고 '다른 것'으로 볼 수 있는 너그러움과 여유가 생기게 되는 것이다.

교회 밖 불신자들까지도 기독교인들의 숫자나 힘으로 제압하려 하지 말고 사랑으로 복음의 능력을 보여주자. 제자훈련의 핵심이 사랑과 포용에 있지 않은가? 사람의 모습으로 생겼으면 무조건 사랑해야 한다. 동료 동역자들은 서로 존중하고 세워 줘야 한다. 서로의 발전에 도움이 되는 존재여야 한다. 외골수 제자훈련보다는 폭넓은 제자훈련의 장으로 인도되어야 한다.

우리의 만남에서 제외될 사람은 없다. 어떤 모임에서든지 선한 영향력을 위한 교제는 그 폭을 넓혀 가는 것이 바람직하다. 제자훈련 하는 목회자는 결코 고독하지 않고, 고독할 필요도 없다. 속 좁은 사람도 아니다. 양보할 수 없는 원칙이 있지만, 다협할 수 있는 다양성도 있다. 수준 높은 질적인 향상을 추구하지만 다양한 사람들을 있는 모습 그대로 수용할 수 있는 큰 그릇으로도 세워져야 한다. 어느 민족 그 누구라도 피해야 할 사람은 없다. 내 진정 예수님의 제자라면 무엇을 두려워하고 무엇을 주저하겠는가? 내 능력을 의지하지 말고 하나님과 홀로 있는 시간을 많이 내야 한다. 동시에 하나님과의 만남으로 새 힘을 얻었다면, 이 땅에 사는 다양한 사람들과 교제의 폭을 넓혀 이 땅에 하나님 나라가 임하도록 헌신하자.

"너희는 가서 모든 민족을 제자로 삼아"(마 28:19)

멘토(mento)들 속에서 제자 됨의 모습을 보았다

제자가 된다는 것은 다른 말로 스승을 따른다는 의미이다. 우리의 영원한 스승은 예수 그리스도시다. 그리고 그 예수님을 먼저 따라간 믿음의 선배, 먼저 된 제자를 만나는 것은 크나큰 복이다. 그들이 앞서 고민하고 치열하게 싸웠던 제자 됨의 연륜을 배움으로써 나 또한 내 삶의 자리에서 예수님의 제자가 되는 데 보탬이 되기 때문이다.

내게도 잊을 수 없는 멘토들이 많이 있다.

신앙의 눈을 열어주신 이정복 목사님과 조종관 목사님

　1971년 열두 번 넘게 전도해 주시고 신앙의 눈을 열어 주신 이정복 목사님(중가교회 원로 목사)은 영적 은인이시다. 거듭날 수 있도록 도와 주시고 오늘까지 계속하여 아버지처럼 사랑해 주시고 돌보아 주셨다. 교회 사랑이 지극하셔서 자나 깨나 교회와 함께 하신 분이시다. 언제나 하나님 중심, 교회 중심의 삶을 사셨다. 성전 건축을 여러 번 하시는 것을 옆에서 보았다. 청주미평교회를 건축 하실 때와 중가교회를 신축 하실 때 옆에 있을 기회가 있어 지켜보았다. 청주에서는 고등학교 학생으로, 중가교회에서는 부교역자로 섬기며 보았다. 그때마다 목사님은 성전 건축의 중심에서 인부들과 함께 일하시며 건축의 세밀한 부분까지도 신경을 쓰셨다. 때로는 건축하시다가 감전 사고를 당할 뻔하기도 하시고, 다칠 위기도 겪으셨다. 그럼에도 불구하고 변함없이 교회를 사랑하시고 성도를 사랑하시는 마음이 변함 없으셨다. 이정복 목사님으로부터 열정적인 설교와 교회 사랑을 배웠다. 결정적일 때마다 선한 말로 사역의 길을 새롭게 열어 주셨다. 지금까지도 설교, 목회, 건축, 교회 사랑 등의 모델이 되어 주시며 기꺼이 사랑으로 지도해 주신다.

　1973년에 고향 교회 담임 목사님으로 오신 조종관 목사님, 그분은 뜨거운 가슴을 물려 주셨다. 고아와 빈자의 아버지로 자신의 모든 재산을 털어 교회를 개척하시고 가난하고 어려운 자들을 먹이시며 함께 하신 온유하고 나눔을 실천하신 모습이 지금도 가슴 속에 찡하게 남아있다. 조금도 거리낌 없이 가족처럼 돌보아 주신 사랑에 깊은 감사를 드린다. 지금은 하늘나라에 계시지만 그분의 뜨거운 가슴과 사람을 사랑하시는 열정이 내 가슴속에 남아 있다.

기독교교육의 산 모델, 이용신 목사님

1974년 서울신학대학교에 입학하면서 섬기게 된 서호교회의 담임이신 이용신 목사님도 잊을 수 없다. 그때 기독교교육의 모델을 보여 주시며 이끌어 주셨다. 철저한 자기 관리와 폭넓은 독서, 다방면에 박식한 목사님이시다. 특별히 기독교교육의 대표적인 모델이 되시는 분으로 어린이 교육과 장년 교육의 선봉이 되신 분이다. 원래 초등학교 교사셨는데 6·25전쟁 때 공산군의 총상을 입었다가 구사일생으로 살아나시면서 목회자가 되신 분이다. 천문학과 과학에 조예가 깊으시고, 기계를 만들고 다루는 것에 대가이시다. 어린이 교육 현장에서 설교하시고 구연동화로 수많은 아이들을 울렸다, 웃겼다 하시며 집중하게 하는 능력이 있으시다. 교회 학교 지도하는 법을 5년 동안 철저히 익히시고 장년 교육도 시청각적으로 하시는 모습을 보면서 한국교회의 미래를 보았다.

조종남 학장님을 비롯한 신학대 교수님들

서울신학대학교에 입학해서는 조종남 학장님께 큰 은혜를 입었다. 입학 시, 입학금이 없어서 기간 내에 낼 수 없는 형편이었지만, 여러 가지를 배려하여 입학할 수 있도록 도와주신 후 학업의 길을 계속할 수 있도록 이끌어 주셨다. 가끔 댁을 방문할 때면 어머님을 잘 섬기시는 효성스러움을 보았다. 폭넓은 학식과 깊이 있는 말씀, 사람들을 지도하고 이끌어가는 모습을 통해 지도력을 배웠다. 지금까지도 늘 격려해 주시고 사랑해 주신다. 학교를 이끌어 가시는 능력과 사람들의 소질을 계발하여 세워주시는 능력이 탁월하시다. 보통 사람들의 생각을 뛰어넘는 탁월한 지도력과 아이디어들이 서울신학대학을 도약의 발판위에 굳게 세운 것이다.

또한 이상훈 교수님의 말씀 앞에 순순히 굴복하며 무릎 꿇고 기도하는 모습, 박승은 교수님의 모나지 않은 성자의 모습으로 자상하게 지도해 주신 모습, 허경삼 교수님의 철저하고 단호한 삶의 모습 속에서 지도자의 삶을 배웠다.

강근환 교수님의 우직하고 변함없는 삶의 좋은 모범을 보고 공부할 수 있어서 행복했다.

정진경 교수님은 모나지 않은 성품으로 폭넓은 관계를 만들어 가시며 한국 교회를 든든히 세우신 신학자요, 목회자로서 큰 도전과 모델을 보여 주셨다. 어쩌면 그렇게 개인의 이름과 사정까지 세밀하게 알고 지도해 주시는지, 그 모습을 보며 한 사람에 대한 목자의 마음을 깊이 배울 수 있었다.

설교의 모델로 흠모한 빌리 그래함 목사님과 이동원 목사님

1973년 빌리 그래함 전도대회에 오신 빌리 그래함(Billy Graham) 목사님을 통해서 복음과 설교의 감동을 받았다. 강한 열정과 확신으로 여의도 광장에서 외치시는 모습을 보며 '나도 저렇게 설교해야지'라고 다짐했고, 복음적이고 강렬한 설교를 통하여 큰 도전과 힘을 얻었다. 그 후 끊임없이 그분을 흠모하게 되었고, 2000년에는 빌리 그래함 센터에 방문하여 또 한 번 감명을 받았다.

1975년에는 이동원 목사님을 만나서 목회자의 신선함과 설교의 매력에 흠뻑 빠져 들었다. 청년들을 감동케 하는 새로운 메시지, 그분의 강해 설교가 한국에 새로운 바람을 일으키게 되었다. 이동원 목사님은 한국은행선교회의 초창기에 예배와 성경공부를 인도하셨는데, 한국은행선교회는 처음 세 명으로 시작 되었으나 수십 명, 수백 명으로 순식간에 늘어나는 것을 보면서 복음의 능력, 복음을 감동적으로 증거 하는 능력에 큰 도전을 받았다. 그때부터 그분의 가르침, 세미나, 개척하신 교회(수원산성교회) 등을 쫓아다니면서 듣고 배웠다. 이것은 그분이 심어준 단어 '제자훈련'이 내 목회의 중심에 세워지는 계기가 되었다.

내가 배우고 싶은 목회자, 옥한흠 목사님

옥한흠 목사님에 대한 소문은 그분이 사랑의교회를 개척할 때부터 듣게 되었다. '한 사람'을 너무나 소중히 여기고, '한 사람' 세우는 것을 강조하는 옥 목사님의 '제자훈련' 목회 철학은 젊은 날 내 마음을 사로잡았다. 그리고 그것이 실제로 교회 현장에서 이루어지는 것을 너무나도 보고 싶었던 터라, 가슴 설레는 마음으로 그분을 지켜보았다.

1981년에 내가 섬기던 교회의 특별집회 강사로 초청하여 처음으로 얼굴을 뵙게 되었다. 그 후 제1기 제자훈련 지도자 세미나에 참여하면서부터 자주 뵐 수 있는 기회를 가졌고, 가끔 식사를 함께 하며 소그룹 모임에서와 같은 깊은 이야기를 주고받게 되었다. 그분을 만날 때마다 새로운 도전과 감명을 받았는데, 큰 그릇 안에 담겨진 복음에 대한 열정은 실로 놀라웠던 것으로 기억한다. 함께 앉아 있기만 해도 복음의 감격이 전이되는 느낌을 받았다. 무엇보다도 한 사람 한 사람을 소중히 여기고 세워 주는 목회 철학과 그것을 삶 속에서 실천하시는 모습을 통해 마치 예수님의 모습을 보는 듯했다.

엄청난 사랑을 가슴에 품고 날카로운 가르침으로 뼛속 깊은 곳까지 찔러 병든 부분을 도려내는 단호함! 그리고 그 속에서 세워지는 제자들의 모습이 너무 아름다웠다. 세상 사람들에게 손가락질을 받을 만큼 변질되어버린 교회의 갱신을 위해, 그분은 단호하게 칼을 빼어 들고 썩은 부분을 도려내셨다. 성전을 청결케 하신 예수님의 단호함을 볼 수 있었다. 이처럼 교회를 교회되게 하고 성도를 성도되게 하는 데 애쓰셨던 모습이 지금도 아름답게 남아 있다.

돌아보니, 옥 목사님께 배우고 따르고 싶은 면이 한두 가지가 아니다. 자신에게는 성경말씀을 철저히 적용하되 다른 사람에게는 너그러우셨던 모습과 개교회주의를 넘어 온 교단, 전 세계를 아우르는 통합적 리더십은 내가 평생 배우고 싶은 과제이기도 하다. 언제나 화려하지 않고 검소하게 사시면서 하나님의 선한 일에 최선을 다하시는 모습을 결코 잊을 수 없을 것이다.

섬김의 모델, 이규태 장로님

이규태 장로님은 삼십 대 후반의 참으로 부족함과 모자람이 많은 나를 48년 되었고, 성결교단에서도 중심적인 교회인 돈암동교회에 청빙하는 결정적인 역할을 해 주셨다. 개척 교회를 섬기던 중 어느 주일 낮 예배에 두 분의 낯선 사람이 다녀간 후, 다음날 만나자는 전화가 왔다. 그때 처음 만난 분이다.

어린 나를 교회에 청빙한 후에 그 모자람을 보충해 주시려고 여러 면에서 소리 없이 도와주셨다. 특별히 목회자를 섬김에 특별하셨고 노인들을 공경함이 남달랐다. 어머님께 효도하는 모습을 옆에서 지켜보며 지극하심을 느꼈다. 사회에서 소외당하고 어려운 이웃을 보면 그냥 지나칠 수 없고 말만이 아닌 실제적인 도움을 주셨다. 700~800명이 넘는 사람들을 매월 후원하시며, 가끔 찾아가 그들의 삶을 위로하고 격려하셨다. 참으로 섬김이 지극하신 모습을 보았고통이 커서서 큰일을 당할 때는 과감한 결단력과 지도력을 보여 주셨다. 가족처럼 아낌없이 섬겨 주시며 때로는 인간적 약점을 덮어 주시고 모자랄 때 소리 없이 채워 주시는 모습 속에서 크리스천 CEO의 새로운 모습을 보았고, 많은 것을 배울 수 있었다.

강해설교와 제자훈련의 거장, 이병돈 목사님

2005년에 만나게 된 이병돈 목사님은 이전부터 교단의 모델적인 교회를 만드시고 크게 성장시킨 분으로 멀리서 존경하며 바라보고 있었다. 1980년, 같은 지방회 부교역자로 섬길 때부터 훌륭한 목회자로 알고 있었다. 강해 설교와 새가족 양육을 위한 제자훈련의 탁월함이 교단 내외에 널리 알려진 분이시다. 늘 존경하는 분으로 가슴에 담고 살고 있었는데, 2005년 3월, 이 목사님으로부터 만나자는 전화가 걸려왔다. 은퇴를 하시게 되어 '후임 청빙'을 하셔야 했기 때문이었다. 그 후 은평교회 후임으로 청빙 받아 원로 목사님으로 섬기면서 가까이에서 많은 것을 보면서 나의 목회를 한 단계 끌어 올려 주셨다.

목사님을 늘 자세히 가르쳐 주시고 보여 주시면서 좋은 멘토로 함께 하신다. 언제나 소탈함, 철저함, 변함없는 주님에 대한 사랑의 열정, 중보기도의 무릎, 교인 사랑의 모델이 되어 주신다. 아버지 같이 편안하면서도 목회의 탁월함을 배운다. 40일 금식 기도, 깊이 있는 강해설교, 교회 부흥으로 여러 번의 건축, 선교의 뜨거운 열정 속에서도 은퇴하실 때까지 교회는 계속적으로 성장해 왔다. 기도하실 때 개인의 세밀한 사정까지 기도해 주시고, 강단에서 말씀을 외치실 때에는 사자처럼 강하게, 내려 오셔서는 양처럼 부드럽게 사랑하신다. 목회의 바통을 이어 받았지만 언제나 목사님이 이루신 사역에 누를 끼치지 않을까 걱정이다. 나 또한 보여주신 모델을 따라 최선을 다하여 주님의 몸 된 교회를 섬기며 세계 선교의 한 몫을 감당하는 데 쓰임 받고자 한다.

심장에 남는 멘토가 있어서 좋다. 이분들이 오늘의 나를 만들어 가고 있다. 나의 나 된 것은 주님의 은혜요, 심장에 남는 멘토들이 있기 때문이다. 지금도 많은 분들의 지도를 받고 또 다른 사람의 멘토가 되어 사역하고 있다.

이제, 묻고 싶다. 제자가 되어가는 여정 속에서, 당신의 멘토는 누구인가?

서로의 삶을 나누는 간증 속에서 제자 됨의 모습을 보았다

아르헨티나 칼라파테에서 60~70미터 높이의 빙산이 무너지는 모습을 가까이에서 볼 수 있었다. 천둥 소리와 같이 큰 소리를 내면서 무너지는 장면은 정말 장관이었다. 지금도 눈을 감으면 그 때의 장면이 머릿속에서 뚜렷하게 스쳐 지나간다.

이처럼, 자기가 경험한 것은 언제 어디서나 누구에게든지 분명히 증거 할 수 있다. 간증이 이와 같은 것이다. 하나님이 나에게 행하신 일을 다른 사람에게 이야기하는 것이다. 인생살이에서 하나님이신 우리 구원자 예수 그리스도를 만난 사건이 보통 사건이겠는가. 그리스도께서 죄와 사망 가운데 빠져 멸망의 길로 끌려가던 나를 건져주셨는데 이 얼마나 놀라운 일인가. 삶의 회의와 고통 속에 방황하던 나를 만나 주시고 놀라운 변화를 주셨기에 누구에게나 분명하게 말할 수 있다. 예수님은 우리에게 증인이 되라고 하셨지 변호인이나 설명자가 되라고 하지 않으셨다. 따라서, 우리는 자신을 찾아오신 주님에 대한 간증이 분명해야 한다. 그리스도 이전의 나와 그리스도 이후의 나는 분명 달라야 한다. 변화된 것이 분명하다. 인류의 역사가 B.C.와 A.D.로 구분된 것처럼 개인의 역사도 분명 그리스도 이전과 이후로 확실히 구분된다. 이 분명한 사실을 다른 사람들에게 증명함으로 또 다른 사람들에게도 예수님을 만나고 싶은 마음을 불러일으키고, 말씀에 대한 갈증을 느끼게 할 수 있다.

이렇듯, 제자훈련의 성패를 결정할 만큼 간증은 중요한 역할을 한다. 그 실제적 효용성에 대해서 살펴보자.

첫째, 간증은 많은 사람들에게 진한 감동을 준다. 개인적인 경험을 구체적으로 나누기 때문에 반박을 피하게 되고, 자기도 모르는 사이에 그 경험 속에 빠져들게 된다. 간증하는 사람의 '기막힌 경험'이 자기 처지와 비슷하게 느껴질 때 진한 감동의 눈물을 흘리게 된다.

사실 개인적인 간증은 설교보다도 더 효과적이며 진한 감동을 줄 때가 많다. 또한 지식이 주는 타성(매너리즘)을 피하고 그 누구라도 진한 감동에 빠져 들게 한다. 간증은 사람마다 각각 다르다. 누구도 똑같은 간증은 없다. 그러므로 내가 나누지 않으면 영원히 사라지고 만다. 개인적인 경험은 원리보다 공감하기 쉽다. 사람들은 그러한 이야기를 듣고 싶어 한다. 그것은 사람들의 관심을 사로잡으며 더 오래 기억에 남게 한다.

둘째, 간증은 훈련의 동기부여에 가장 효과적인 도구다. 서로의 간증으로 시작되는 제자훈련은 진한 감동과 함께 끝까지 훈련에 임하게 하는 동기 부여가 된다. 사람은 감동을 받게 되면 열 일을 제쳐 놓고 그 일에 마음을 기울여 참여하게 된다. 제자훈련은 하루 이틀에 끝날 손쉬운 과정이 아니다. 엄청난 대가를 지불하고 많은 시간 집중을 요하는 과정이다. 2년이 넘는 긴 과정을 힘들지 않고 기쁨으로 참여하며 가장 효과적인 열매를 얻게 하는 것은 '개인 간증'의 양념 때문이다.

훈련시간 종종 제각각 다른 간증을 서로 나누게 된다. 그때마다 더 진지하고 열심히 제자훈련 과정의 모든 훈련을 기쁨으로 소화해 낼 수 있게 된다. 매 주일 해야 할 과제물, Q.T., 암송, 기도, 삶의 적용, 성경 읽기, 전도하기, 예습·복습에 이르기까지 해야 할 많은 과제들을 감당할 수 있는 동력을 얻게 한다. 간증은 시든 나무에 물을 부어 줌으로 다시 소생되는 것처럼 마음이 지치고 상하여 약해질 때, 너무 힘들어 포기하고 싶을 때 부어지는 단비와 같은 역할을 한다. 가물어 메마른 땅에 단비가 뿌려지면 죽은 것 같은 대지 위에 생명의 소리가 들려온다. 생명의 싹이 대지를 뚫고 솟아나는 장면을 볼 수 있다. 시든 잎사귀가 생명의 기운을 얻어 소생하는 모습도 보게 된다. 언제나 제자훈련의 장에 넘치는 활력을 주는 윤활유와 같은 역할을 한다.

셋째, 신앙 간증은 신앙고백을 분명하게 하도록 이끌어가는 통로이다. 간증이 우리 주 예수 그리스도에 대한 신앙 고백을 분명하게 하도록 이끌어 주는 것이다. 가장 분명한 인격적인 신앙고백은 자기가 체험하고 나서 하게 되는 것이다. 누가 가르쳐 주거나 전수해 준 것을 머리로 하는 신앙 고백은 일시적이기 쉽다. 학습된 교인들의 수준에 머무르게 한다. 그러나 자기가 확실히 경험한 것은 생명을 걸고 끝까지 증거 할 수 있다. 자신의 삶에 역사하신 하나님과 그의 독생자 예수 그리스도를 향하여 베드로와 같은 신앙 고백을 분명하게 하게 된다.

"주는 그리스도시요 살아 계신 하나님의 아들이시니이다"(마 16:16)

이 고백이 분명해야 제자훈련을 통하여 무한한 성장을 계속할 수 있게 된다. 그리스도의 장성한 분량이 충만한 데 이르기까지 성장하여 성숙한 그리스도의 제자로서 세워지게 된다.

성경은 베드로전서 3장 15절에서 이렇게 말씀하고 있다.

"너희 마음에 그리스도를 주로 삼아 거룩하게 하고 너희 속에 있는

소망에 관한 이유를 묻는 자에게는 대답할 것을 항상 준비하되 온유와 두려움으로 하고"(벧전 3:15)

예수님을 만난 사람들은 언제나, 누구에게나, 어디서든지 그 분에 대하여 증거하고 고백할 수 있는 간증 거리가 있다. 간증 거리가 없는 사람은 제자훈련을 하더라도 자칫 머리만 키우는 괴물을 만들기 쉽다. 어머니 뱃속에서 아기가 너무 많이 자라면 산모도 아기도 위험하다. 거듭남의 경험이 분명하지 않은 사람들에게 너무 많은 것을 주입시키면 결국은 교회를 무너지게 하고 가분수 괴물을 만들어 버리게 된다.

제자훈련생 모집 때부터 분명한 '간증'이 있는가를 살펴봐야 한다. 간증이 분명한 사람은 훈련을 통해 무한히 성장하여 교회와 세상에 유익한 일꾼으로 세워지게 된다.

넷째, 간증은 여러 면에서 효과적으로 활용할 수 있다. 개인 간증은 전도할 때도 마음 문을 열게 하는 중요한 도구로 활용할 수 있다. 전도할 때에 상대방의 필요와 처지를 민감하게 파악하고 그와 눈높이를 맞추는 간증으로 시작하면 복음을 증거 하는데 효과적이다.

사람들의 마음이 열려야 복음의 핵심인 예수 그리스도의 십자가 사건과 부활을 믿을 수 있게 되고 진심에서 우러나오는 고백을 입을 열어 말할 수 있게 된다. 예수 그리스도를 믿기 이전의 자신의 모습을 전도 대상자의 삶과 동일시하는 데서 시작하여, 어떻게 예수님을 영접하게 되었고 그 후에 그 문제와 아픔이 어떻게 해결되었는가를 분명하게 전달 할 때 전도의 많은 열매를 맺게 되는 것을 볼 수 있다.

설교 시에도 개인 간증은 그 어떤 재료보다도 진리를 수용하고 은혜를 끼치는 데 효과적이다. 내가 무엇을 했는지를 말한다면 그게 뭐 그리 대단한 일이겠는가. 내가 한 일을 듣고 많은 사람들이 얼마나 큰 감동을 받게 되겠는가. 간증은 내가 하나님께 무엇을 했는가를 말하는 것이 아니다. '하나님이 나에게 무엇을 하셨는가?' 그것을 행하신 나의 주 예수님은 어떤 분이신가를 증거 하는 것이다. 만왕의 왕, 내 주의 주 되신 분이 나에게 그리고 나를 통해서 하신 일이 얼마나 놀라운 일인가. 그 경험이 설교, 성경공부, 소그룹 모임 속에서 배어 나올 때 많은 사람들에게 은혜를 끼치고 감동을 느끼게 한다.

간증은 제자훈련 시에도 분위기를 고조시킨다. 제자훈련 시간마다 개인 간증을 고백함으로 분위기가 가라앉지 않게 하고 새로운 감동을 유지하게 한다. 한두 명의 스쳐가는 간증을 듣고, 울고, 웃고 하면서 3시간의 훈련 시간이 지루하지 않게 진행된다. 끝날 때에도 못내 아쉬운 마음으로 다음 시간이 기다려지게 한다. 이처럼 간증은 말씀을 살아 움직이게 하는 능력이다. 간증을 들으면서 하나님의 말씀이 살아서 움직이는 것을 느끼게 된다. 운동력이 있어 좌우에 날선 어떤 검보다도 더 예리한 말씀으로 우리의 인생 깊은 곳까지 찌르는 것을 느낄 수 있다. 그 말씀의 능력으로 현실의 모든 문제를 극복하게 되고 갈등을 효과적으로 넘어서게 한다.

수료식 때는 꼭 간증자들을 세워 간증케 함으로 다음 기수를 뽑을 때 동기 부여가 되게 한다. 제자훈련 지원자들 중에 많은 사람들을 결단케 한 요인 중에 '간증'의 영향력이 매우 크다. 공개적으로 한 간증이든, 개인적으로 한 간증이든 많은 사람들이 그 간증을 듣고 기대감을 갖고 제자훈련 과정에 지원하게 된다.

제자훈련생이라면 누구나 간증문을 작성할 수 있어야 한다. 간증문을 쓸 때 사실 그대로 가감하지 말고 구체적으로 작성해 보라. 극히 개인적인 것을 간결하게 써 보라. 그리스도를 믿기 전에 나의 삶은 어떠했는지 사실 그대로 쓰되 흥미 있게 작성해 보라. 그리고 어떻게 예수 그리스도를 믿게 되었는지 그리고 예수님을 영접한 후에 나의 삶이 어떻게 변화되었는지를 작성해 보라. 작성된 간증문을 소리 내어 읽으면서 간증 연습을 해 보라. 여러 번 연습한 후 간증 나눌 수 있는 기회를 찾아보라. 그리고 간증을 함으로 자신에게 그리고 간증을 들은 사람에게 어떤 유익이 있는지를 살펴보라. 분명 간증은 하나님의 기적을 일으키는 통로로 쓰임 받고 있다는 것을 발견하게 될 것이다.

그러나 앞서 살펴본 간증의 많은 효용성에도 불구하고, 간증할 때는 주의할 점이 있다. 간증은 하나님이 나에게 하신 일을 증거하는 것이다. 그런데 간혹, 자신의 인생 성공사례, 무용담을 늘어놓는 것처럼 보이는 때가 있다. 더군다나 이런 내용들이 간증을 듣는 다른 누군가에게 시험 거리로 작용할 때가 있다. 그러므로 간증에서는 철저히 '내'가 죽어야 하고, '주님'이 사셔야 한다. 주님이 내 인생에 철저히 개입하셔서 주권 행사를 하신다는 것을 고백하는 것이 간증이다. 이에 벗어나는 내용이 없도록 목회자나 양육 리더가 철저히 중간 점검을 해 줄 필요가 있다.

또한, 간증은 그 간증을 듣는 공동체의 유익을 위한 것이다. 따라서 어떤 공동체에서 유익이 되었던 간증 내용이라 할지라도, 다른 공동체에서 같은 내용을 전했을 경우 누군가가 상처를 받는 일이 생길 수 있다. 가령 특별한 사고라든지, 경제적 문제 등이 그러하다. 간증자 입장에서는 힘들다며 고통을 호소하는 고백을 할지라도, 누군가 입장에서는 '배부른 소리'로 들리며 불만을 가질 수 있기 때문이다. 따라서 이런 경우 역시 목회자나 양육리더가 철저히 중간 점검을 할 필요가 있다.

결론적으로, 간증은 하나님이 개인과 교회를 위해 주신 선물이다. 간증은 하나님의 기적을 일으키는 통로로 쓰임 받는다. 하나님께 영광이 되고, 교회에 유익이 되는 간증이 넘쳐나는 교회가 되기를 소망한다.

변화된 사람들 속에서 제자 됨의 소망을 보았다

제자훈련에 대한 나의 남다른 애정은 단순한 말로 그치지 않는다. 심지어는 내 소중한 두 딸의 이름을 지으면서도 제자훈련을 생각했다. 앞서 말했지만 예수님의 사역을 대그룹인 예배 사역과 소그룹인 제자훈련 사역으로 나누고, 큰 아이를 '한아름'(대그룹 사역), 작은 아이를 '한송이'(제자훈련)이라 이름을 지을 정도였으니 말이다.

1986년 11월에 국제제자훈련원의 제자훈련 지도자 세미나에 제1기로 참석할 열정도 여기서 나왔고, 이후에 옥한흠 목사님과의 계속된 교제와 섬김도 너무나 당연한 과정이었다. 제자훈련 지도자 세미나에 참석하게 되면 항상 듣게 되는 옥한흠 목사님의 강의 예화가 있다. "제자훈련은 사랑의교회처럼 지식층들이 많이 있는 데서나 통하지, 시골이나 달동네처럼 못 배운 사람들이 많은 지역에서는 어려운 것이 아니냐"는 질문에, "만약 이 옥 목사가 목사님처럼 달동네에서 목회를 했다면, 제자훈련을 했겠습니까? 안 했겠습니까?"라고 되묻는다는 내용이다. 여기에 나는 백 번 공감한다.

제자훈련이란 어떤 규정된 틀이 있는 것이 아니라 상황에 따라 다양하게 적용할 수 있음을 강조하고 싶다. 제자훈련을 못한다는 것은 하나의 틀을 만들어 놓고 그 틀에 못 집어 넣는다는 말과 같다. 하지만 이것은 진정한 눈높이 제자훈련이 아니다. 상황에 맞추어 다양하게 적용할 수만 있다면 어느 지역이든지, 어느 교회이든지 제자훈련은 가능하다고 본다. 한 영혼의 삶을 변화시키려는 제자훈련은 교회의 어떤 문화적 상황에도 결코 제약받을 수 없는 것이다.

은평교회 이병돈 원로 목사님도 이런 말씀을 하신 적이 있다. "지금 한국 교회 내에서는 제자훈련이라는 표현과 개념이 너무 폭넓게만 인식이 되어 있는 것 같아요. 사실 제자훈련은 정형화된 틀로 논

할 문제가 아니라고 봅니다. 예수님의 제자를 만들고 싶은 간절한 마음의 갈망이 있으면 하나님이 그 교회에 맞는 특별한 영적인 은혜를 주실 거라고 생각해요."

은혜를 받으려면 은혜의 자리로 나아와야 하듯, 변화를 받으려면 변화의 자리로 나아와야 한다. 예수님의 제자가 되는 훈련, 이 훈련을 통해서 한 사람 한 사람이 변화되고, 그 한 사람을 통해 주위에 있는 이웃이 변하고 있다. 그리고 그 이웃이 모여 변화된 교회, 민족과 세계 열방의 미래를 만들어 내고 있다.

3부
광야의 인내(忍耐)

10
인생의 광야학교를 피하지 말라

 사과나무보다는 배나무, 배나무보다는 감나무, 감나무보다는 포도나무 줄기의 굴곡이 더욱 깊게 파여 있다. 감나무, 포도나무 줄기는 보기에 흉할 만큼 깊게 파여 있는 것을 볼 수 있다. 그런데 굴곡이 심할수록 그 열매는 당도가 높아 사람들에게 기쁨을 준다. 줄기는 심한 고생과 자기희생을 통하여 당도 높은 과일을 만들어 내는 것이다. 광야는 사람들이 살기에 힘든 곳이다. 물도 없고, 먹을 것도 부족하다. 나무 그늘도 없다. 햇빛이 내리쬐면 그 햇빛에 몸이 검게 그을린다. 밤에는 추운 바람이 몰아쳐 추위에 떨기도 한다.
 종종 우리는 광야와 같은 지역을 지날 때가 있다. '광야학교'에 입학하는 것이다. 광야학교에 들어가면 의지할 것이 아무것도 없다. 하

루하루 간신히 삶을 연명한다. 참으로 힘든 곳이다. 때로는 동서남북 사방이 막혀 어찌할 수 없을 때도 있다. 누구하나 도움을 기대할 수 없는 곳에서 홀로 몸부림 칠 때도 있다. 할 수만 있으면 광야학교는 빨리 입학하고 졸업하면 좋다. 언젠가는 반드시 이 학교를 통과해야 하나님께 제대로 쓰임 받을 수 있기 때문이다.

인생의 광야에서 울다

나는 비교적 어린 나이에 이 광야에 들어섰다. 광야에 내몰린 느낌이었다. 참으로 어려운 어린 시절을 보냈다. 시간이 흐를수록 그 강도는 더욱 심해졌다. 짧은 세월 속에서 큰 시련이 계속 이어졌다. 부모님이 믿음에서 멀어진 후에 찾아온 경제적인 시련, 건강의 상실, 가족을 잃는 아픔 등 하루도 바람 잘 날이 없었다.

하루하루 먹고 사는 일 자체가 힘이 들었다. 때로는 먹을 것이 없어서 허기진 배를 움켜잡고 울어야 할 때도 있었다. 하루 종일 수제비로 끼니를 때우기도 했다. 그것마저도 먹을 수 없을 때에는 산에 있는 열매나 나뭇가지를 꺾어서 마른 목을 축이기도 했다. 물을 한 바가지 퍼 먹고 들어간 배를 불룩하게 만들기도 했다. 먹거리가 부실하니 몸은 늘 피곤하고 힘이 없었다. 체하기도 잘하고 허약 체질이 되어 버렸다. 공부를 제대로 할 수도 없었다. 학비나 학용품 그리고 차비가 떨어질 때가 많았기 때문이다. 간신히 중학교까지는 다닐 수 있었으나 고등학교를 다니기에는 역부족이었다. 고등학교 1학기 다닌 후 자퇴를 했다. 희망이 보이지 않았다. 가슴속에 품은 꿈은 많지만 꿈을 펼칠 환경이 못 되었다. 이렇게도, 저렇게도, 어떻게도 해 볼 수 없는 형편이었다. 가정은 안정되지 않고, 매일이 불화의 연속이었다. 아버지의 술주정은 하루도 거를 날이 없었다. 집은 불안하고 학교도 갈 수 없는 사춘기 젊은 나이에 나는 인생의 깊은 고뇌 속에서 울어야 했다.

사랑하는 동생마저 교통사고로 세상을 떠나고 나의 인생의 희망은 사라지고 절망의 깊은 늪에 빠져, 저 하늘에도 슬픔이 가득한 것처럼 느껴졌다. 광야의 시련은 참으로 견디기 힘든 여정이었다. 하나님은 내게 간신히 숨을 쉴 수 있을 정도로만 살 여유를 주셨다. 하루하루가 불안한 삶의 연속이다. 이어지는 광야의 긴 세월이 끝날 줄을 몰랐다. 하나님의 도우심으로 간신히 광야생활을 버틸 수 있었지만 힘든 여정은 계속 되었다. 감사하게도 그 광야학교에서 우리 주님을 만났다.

광야학교에서 지칠 대로 지치고 절망의 한가운데서 고통할 때, 하나님이 찾아 오셨다. 아니 하나님은 항상 내 옆에 계셨지만 눈이 열리지 않아 볼 수 없었던 하나님을 그제야 볼 수 있게 된 것이다. 인간의 깊은 절망과 고통은 하나님을 만나는 좋은 계기가 되었다. 하나님을 만남으로 극적으로 광야의 절망을 넘어설 수 있었다. 대학 진학의 길이 열렸고, 계속해서 석·박사 과정까지 공부할 수 있도록 매 학기마다 특별한 하나님의 손길이 나를 도왔다. 참으로 놀라운 하나님의 은혜였다. 고등학교도 다닐 수 없는 형편이었는데 고등학교 학비 보다 2~30배 더 비싼 대학에 들어갈 수 있었던 것 자체가 기적이었다. 한 학기도 아니고 학부 때부터 박사과정까지 22학기를 다녔으니 하나님의 손길이 아니고 그 무엇이랴.

그러나 광야학교는 쉽게 졸업을 할 수 없었다. 목회의 현장도 어려운 곳으로 인도하시더니 불모지에서 개척의 깃발을 꽂게 하셨다. 백만 원 빚으로 교회가 시작되었다. 어쩌면 도울 사람이 그렇게도 없었던가. 한두 교회가 월 만 원씩 1년 동안 도와주었을 뿐이다. 날마다 하늘의 하나님만 바라보고 기도 할 수밖에 없는 처지였다. 그때마다 하나님은 엘리야의 까마귀를 동원하여 굶기지 않고 먹여 주셨다. 알지 못하는 사람들이 쌀 한 푸대씩 놓고 가기도 하고 장학금을 보내주기도 했다. 광야학교에서는 하나님의 도우심이 없이는 결단코 살아갈 수 없다.

믿음의 선진들도 광야학교에서 컸다

믿음의 조상 아브라함도 광야학교에서 지냈다. 하나님은 아브라함을 갈 곳조차 가르쳐 주지 않으시고 고향집에서 이끌어 내셨다. 한 번도 떠나 본 적 없는 자기 고향 본토를 떠나 정처 없는 떠돌이 인생길에 들어섰다. 갈 바를 알지 못하고 가던 길에 기근이 들어 애굽으로 내려가다가 자기 아내를 바로에게 빼앗기고 말았다. 그것도 자기가 위험에 처할 것 같아 자기 아내를 누이라고 속여 바로에게 빼앗기는 비극이었다. 그날 밤 하나님이 지켜주시지 않았더라면 아브라함의 인생은 그렇게 비참하게 끝났을 것이다. 고향을 떠난 아브라함은 참으로 여러 가지 어려운 일들을 만났다. 그가 얻은 부로 말미암아 사랑하는 조카 롯과 헤어져야 했다. 롯은 소돔과 고모라 땅에서 죽을 위기를 맞이하였으나 아브라함이 구출해 주었다. 험난한 나그네 인생길을 걷고 또 걸었다. 참으로 기구한 운명이었다. 100세 때 얻은 아들마저 바쳐야 했다. 그때 아버지의 심정이 어떠했겠는가! 가슴이 찢어지는 아픔이었으리라. 참으로 견디기 힘든 고통이었으리라. 그러나 광야학교의 시험을 잘 통과하면서 하나님의 쓰임 받는 훌륭한 일꾼이 되었다.

모세의 광야학교도 만만치는 않았다. 왕궁에서 세상 법도와 학문을 다 익히고 왕자로서 부족함 없이 살던 모세를 이끌어 광야에 던지셨다. 미디안 광야로 들어가게 하고, 그 광야학교에서 40년간 머무르며 낮아지고 또 낮아지는 훈련을 했다. 40년 전에는 힘도 있고 권력도 있고 학문도 있고 세상적인 모든 것을 누릴 수 있었는데, 지금은 모든 것을 잃어버리고 초라한 할아버지로 늙어갔다. 미디안 40년 광야생활 속에서 혈기도 죽이시고, 자기 과시욕도 죽이시고, 이제는 이름도 빛도 없이 살아가는 힘없는 노인이 되었다.

그 광야학교에서 제대로 훈련받고 이제는 아무 힘도 능도 없는 모세를 들어 위대한 하나님의 종으로 쓰셨다. 이스라엘 백성을 애굽에서 구해내는 선봉이 되게 했다. 저들을 이끌고 홍해를 건너고 탈출시키는 주역이 되었다. 광야학교를 도중에 퇴학당하지 않고 멋지게 다닌 모세를 하나님이 들어 쓰신 것이다. 모세에게 광야학교가 없었더라면 모세를 쓰실 수 없었다.

하나님은 스스로를 의지하거나 주변에 의지할 사람이 많고 의지할 환경이 되는 사람은 들어 쓰실 수가 없다. 하나님의 능력을 의지하지 않고 자신의 힘을 의지하고 일하기 때문이다. 자기 힘으로 무엇을 할 수 있겠는가. 아무것도 할 수 없다. 모든 것을 할 수 있을 것 같지만 허상일 뿐이다. 잘못된 감정일 뿐이다. 주님 없이는 아무것도 할 수 없다. 광야에서는 구름기둥과 불기둥의 인도가 절대적으로 필요하다. 낮에 구름기둥이 없으면 광야에서는 버틸 재간이 없다. 밤에는 불기둥이 세워져야 추위를 이기고 잘 수가 있다. 구름기둥과 불기둥의 인도는 무엇을 상징하는가? '성령의 인도하심'이다. 성령의 인도하심이 절대로 필요하다. 성령의 인도하심이 없이는 광야와 같은 이 세상에서 갈 바를 알지 못한다. 방황하며 살 수밖에 없다. 하지만 광야학교에서 살 수 없을 것 같고 곧 죽을 것 같아도 하나님은 피할 길을 내사 살게 하신다. 바울도 거듭나고 금방 하나님이 들어 쓰신 것이 아니라 아라비아 광야에서 3년 동안 고된 광야학교 훈련을 받게 하신 후에 하나님이 그를 들어 쓰신 것이다.

광야의 훈련 없이는 과거의 못된 습성이 안 빠져 나간다. 모난 성품이 다른 사람들을 찌른다. 과감성과 결단성이 부족하다. 훈련은 쉽지 않다. 그러나 알고 보면 기쁨이요, 유익이다. 기도 응답의 경우도,

하루 전에만 응답하셔도 하루는 다리 쭉 뻗고 잘 수 있을 텐데 마지막 날 마지막 시간이 돼서야 응답을 주시니 그동안 얼마나 마음을 졸이며 사는가. 피가 마르는 고통이다. 그러나 그 훈련은 주님의 사역을 감당하려는 일꾼들에게는 한없이 유익하다. 강 하류에 있는 돌들을 보라 뾰족하고 모난 돌이 단 한 개라도 있나? 다 부딪히고 깨지고 닳아 모두가 매끄럽고 둥근 돌이 되지 않았나! 그 누가 그 돌에 부딪힌다고 상처나고, 찢어지겠는가. 그 돌로 인하여 고통 받는 자는 없다. 그러나 상류에 있는 돌들은 이 사람 저 사람을 찌르고 피나게 하고 아프게 한다. 그 자리에 있어서는 여전히 그 습성을 고칠 수 없다. 세찬 강물에 떠내려 가면서 부딪히고 깨져야 한다. 더 낮아지고 더 깨져야 나 때문에 눈물 흘리는 이가 없어진다. 하나님의 나라를 위해 존귀하게 쓰임 받을 사람들은 한결같이 '광야학교' 출신들이다. 눈을 들어 잘 살펴보라. 예나 지금이나 '광야학교 졸업장' 없는 이를 쓰신 적이 있는가? 가능한 신청을 해서라도 광야학교에 입학하는 것이 급선무이다.

광야학교에서 배운 일

광야학교는 힘든 곳이지만 일단 거치고 나면, 배우고 얻은 것이 많다. 군에 입대하면 훈련소만큼 힘든 곳은 없다. 그러나 훈련소에 들어가서 훈련을 받지 아니 하였다면 군대 생활에 적응하기 힘들었을 것이다. 훈련소의 고된 훈련과 고통이 있었기에 군대 생활을 할 수 있고 전쟁이 일어나도 싸울 수 있다. 상관의 명령에 복종하는 질서도 확립된다. 훈련소는 힘든 곳이지만 유익한 곳이다. '광야학교'는 참으로 힘들고 어려운 곳이지만, 꼭 필요한 곳이다. 반드시 들어가야 하는 군대와 같은 곳이다. 군대가야 할 자가 피할 길은 없다. 언젠가 꼭 가야한다. 가능한 한 나이 많이 들어서 가는 것 보다는 일찍 가는 것이 좋지 않은가. 이처럼 광야학교도 일찍 입학 할수록 많은 유익을 얻게 되고, 얻은 유익을 인생살이에 적용할 수 있다. 광야학교에서 얻을 수 있는 유익은 무엇보다도 하나님만 의지하는 법을 배우게 된다.

모세는 고별 설교 속에서 광야 길을 걷게 하신 이유를 설명하고 있다. 신명기는 모세의 고별 설교이다.

> "네 하나님 여호와께서 이 사십 년 동안에 네게 광야 길을 걷게 하신 것을 기억하라 이는 너를 낮추시며 너를 시험하사 네 마음이 어떠한지 그 명령을 지키는지 지키지 않는지 알려 하심이라 너를 낮추시며 너를 주리게 하시며 또 너도 알지 못하며 네 조상들도 알지 못하던 만나를 네게 먹이신 것은 사람이 떡으로만 사는 것이 아니요 여호와의 입에서 나오는 모든 말씀으로 사는 줄을 네가 알게 하려 하심이니라"(신 8:2-3)

분명히 가장 소중한 것을 얻기 위해 덜 소중한 것을 버리려면 광야에 가야 한다. 광야에 나가야 하나님을 잊지 않는다. 하나님을 절대 의지하게 된다. 사람이 세상에서 조금이라도 의지할 무엇이 있으면 그것에 의지하고 버텨 보려는 경향이 있다. 그것이 쉽기 때문이다. 돈도 있고 도울 사람도 있고 환경도 좋은 곳에 있어 보라. 보이지 않는 하나님을 의지하려고 힘쓰겠는가. 하나님 없이도 편히 살 수 있는데.

광야학교에서 얻을 수 있는 유익이 또 있다. 그것은 가장 소중한 것이 무엇인지에 눈이 떠지는 것이다. 사람이 외롭고 힘들고 주변에 아무것도 없을 때 인생의 가장 소중한 것이 무엇인가 깨닫게 된다. 그래서 어려울 때 같이 했던 형제, 자매들은 의리와 우애가 있다. 서로 지극히 아껴주며, 콩 한 조각이라도 나눠 먹을 줄 안다. 어려운 일이 생기면 서로 돕는다. 자기가 어려운 일 당한 것처럼 아끼고 돕는 모습을 볼 수 있다. 그러나 부요하고 부족함이 없이 자란 세대의 형제, 자매들은 별로 중요치 않을 돈이나 명예나 권력 때문에 형제 우애를 잃어버린다. 더 소중한 것을 보지 못하고 서로 싸우는 경향이 있다. 교회도 핍박과 고통을 받을 때는 썩지 아니 하였다. 서로 하나가 되어 아끼며 보듬고 사랑했다. 그러나 좀 살만하고 여유가 있고 하나님의 복을 많이 받아 누리게 될 때에는 부패하기 시작했다. 대수롭지도 않은 것 때문에 심히 다투고 당을 짓고 싸우는 모습을 볼 수 있다. 광야학교를 거치지 못한 사람들이 교회 중직이 되어 그렇다. 광야학교에서 배울 수 있는 유익은 헤아릴 수 없이 많다. 광야학교에서는 고된 훈련으로 위에서부터 들려오는 하나님의 음성을 듣는다. 땅에서부터 들려오는 소리는 이 땅의 삶을 극복하며 승리하며 살 수 있도록 하지 못한다. 지금 이 땅을 살면서도 승리할 수 있는 길은 위에서부터 들려오는 하나님의 음성을 듣고 살아가야 하는 것이다. 그것이 신명기 모세의 설교의 중심 내용이다.

과거를 돌아보며 하나님의 은혜를 잊지 말라. 지금은 땅에서부터 들려오는 소리를 듣지 말고 위에서부터 들려오는 소리를 듣고 살라. 그리고 앞을 멀리 내다보고 살라. 광야만 바라보지 말고 저 가나안 땅을 바라보고 살라. 이것이 광야학교에서 얻을 수 있는 과거, 현재, 미래에 주신 새로운 눈이다. 광야학교에서 제대로 수업을 받은 사람은 모난 성품이 사라지고 온유하고 원만한 성품으로 바뀐다. 광야학교는 우리의 성품을 다듬는다. 그 누구도 어찌할 수 없는 성품, 삐뚤어진 마음, 찔리고 상처 받은 마음이 광야학교에서 치유되고 다듬어진다. 사람이 사람답게 세워지고 만들어지는 유익을 얻는다. 광야학교 졸업생은 광야학교의 경험이 사역에 유익하게 쓰여 진다. 그때는 고생스럽고 힘들었지만 사역을 하는 중에 광야학교의 경험이 복음을 전하는 데에는 버릴 것이 없다. 모두가 영광스러운 상처로 남아 상처가 별이 되는 것이다. 그리고 보석처럼 빛나게 될 것이다.

결국 광야학교는 그릇을 크게 준비시켜 주는 유익이 있다. 광야학교에서 그릇을 키운 만큼 훗날에 그 그릇에 더 많은 것들을 담을 수 있다. 그릇을 크게 키우지 못하면 몇 개만 담아도 가득차고 넘쳐서 더 담을 수 없게 된다. 사람은 고된 훈련 중에 생각이 커진다. 사람을 포용하는 능력도 커진다. 얼마든지 수용할 수 있는 수용성이 좋아진다. 관용하는 일꾼이 되는 것이다.

"너희 관용을 모든 사람에게 알게 하라 주께서 가까우시니라"(빌 4:5)

광야학교는 과감하게 통과하라

신안군 자은도에서 집회에 초청받은 일이 있다. 첫날, 집회 장소에 가려고 하니 파도가 높아서 배들이 멈추어 섰다. 용감한 교회 장로님들이 그 와중에서도 배 한 척을 준비해 놓으셨다. 그리고 파도를 타고 가자고 조르신다. 참으로 난감했다. 그러나 용기를 내어 배에 올랐다. 큰 파도가 배 머리를 가린다. 그때 파도를 이기는 법을 들었다. 파도가 칠 때는 정면을 돌파하지 않으면 배가 뒤집힌다는 것이다. 파도가 클수록 오히려 파도 정면을 돌파하며, 한 시간 사투 끝에 간신히 섬에 이를 수 있었다. 파도는 피하면 전복 되든지 파선되든지 둘 중 하나다.

제아무리 힘든 광야학교라도 두 눈을 부릅뜨고 정면으로 돌파하면 그 어떤 어려움도 헤쳐 나갈 수 있다. 파도나 어려움을 피하지 말자. 앞으로 나아가면 목적지에 도달할 수 있다. 이스라엘 백성이 애굽을 탈출하여 홍해에 이르게 되었을 때 애굽 군대의 추격을 받았다. 참으로 난감한 순간이었다. 뒤로 갈수도 없고 앞으로 갈수도 없는 상황이다. 그때 모세는 이스라엘 백성들에게 "앞으로 가라"고 명령한다. 오직 하나님이 하시는 일을 믿고 앞으로 가라는 것이다. 우리가 살 길은 앞으로 나아가는 데 있다. 내 앞길이 험악하여도 내 주님만 바라보고 믿고 앞으로 나아가야 승리가 있다. 뒤로 물러가면 파멸에 빠지게 된다. 우리의 신앙 생활은 리어카에 짐을 잔뜩 싣고 언덕을 오르는 것과 같다. 가다가 힘이 들고 어려워도 멈추지 말고 또 가고 앞으로 나아가야 밀리지 않는다. 멈춰 서려는 순간 어느 낭떠러지로 곤두박질 칠지 모른다. 그냥 믿고 가야한다. 힘들고 지쳐도 머무를 수 없다. 뒤로 물러설 수 없다.

북극의 거대한 빙하를 지날 때, 내가 탔던 배는 '쇄빙선'이었다. 쇄빙선은 얼어있는 얼음덩이를 쪼개면서 앞으로 나아가는 배이다. 우리도 쇄빙선을 타고 가자. 우리 앞에 놓인 모든 어려움과 태산들이 무너져 평지가 될 것이다. 하나님은 우리를 타작기로 삼고 산들을 쳐서 부스러기를 만들어 버릴 것이다.

"보라 내가 너를 이가 날카로운 새 타작기로 삼으리니 네가 산들을 쳐서 부스러기를 만들 것이며 작은 산들을 겨 같이 만들 것이라 내가 그들을 까부른즉 바람이 그들을 날리겠고 회오리바람이 그들을 흩어 버릴 것이로되 너는 여호와로 말미암아 즐거워하겠고 이스라엘의 거룩한 이로 말미암아 자랑하리라"(사 41:15-16)

'광야학교 졸업생'은 담대하다. 어떤 어려움이 와도 헤쳐 나갈 자신이 있다. 결코 두려워하지도 않는다. 근심하지 말고 힘 있게 전진하자!

11
네 이웃이 어디 있느냐?

    아담은 가인과 아벨을 낳았다. 가인과 아벨이 하나님께 제사를 드렸다. 그때 가인의 제사는 받지 않으시고 아벨의 제사는 받으셨다. 가인은 몹시 분하여 안색이 변했다. 결국은 가인이 아벨을 쳐 죽였다.

    하나님이 가인에게 물으신다. "네 아우 아벨이 어디 있느냐?" 가인이 대답한다. "내가 알지 못하나이다. 내가 내 아우를 지키는 자니이까?"

    가인의 피가 흐르는 사람들은 지금도 그 짓을 계속하고 있다. 수많은 우리의 이웃이 고통을 당하고 있다. 피를 흘리고 있다. 저들이 피를 흘리고 고통을 당함은 나의 원인도 있다. 그러나 우리는 여전히 모르는 척 외면하고 있다. 우리의 이웃이 피를 흘리며 죽어가고 있는데 모르는 척 시치미 떼고 지나가 버린다. 예수님이 강도 만난 자의 이웃이 누구인가를 비유를 들어 말씀하셨다. 한 사람이 예루살렘에서 여리고로 가다가 강도를 만났다. 강도들이 옷을 벗기고 때려 거의 죽게 된 것을 버리고 갔다. 마침 그곳을 지나던 제사장이 그를 보고 피하여 지나갔다. 레위인도 피하여 지나가 버렸다. 어떤 사마리아인도 그곳을 지나가다가 그를 보고 불쌍히 여겨 가까이 갔다. 기름과 포도주를 상처에 붓고 싸매어 주었다. 자기 짐승에 태워 주막으로 가서 돌보아 주었다. 주막 주인에게 비용을 주면서 돌보아 줄 것을 부탁했다. 비용이 더 들면 돌아올 때 갚아 줄 것을 약속했다.

"누가 강도 만난 자의 이웃이 되겠느냐?" 주님이 물으셨다.

제사장은 오늘날 성직자다. 레위인은 믿는 성도들이다. 잘 믿는다고 자부하는 사람들은 외면하고 지나갔다. 여러 가지 이유가 있을 것이다. 빨리 성전에 가서 제사를 집례 하려면, 율법에 의해 죽은 자를 가까이 하면 부정 타서 안 되기 때문에 지나갔을 수도 있다. 우리도 교회를 섬기는 일에 빨리 가야 하기에 지나쳐 버리고 갈 수도 있다. 가끔 교회 가는 길에 위급한 사람을 만나면 지나쳐 버리지 않았던가. 자기에게 피해가 있을 듯 싶으면 그냥 지나치곤 하는 세상이다. 잘못 건드렸다가는 덤터기 써야 할 판이다. 그래서 많은 사람들은 이웃의 불행을 못 본 척하고 지나친다. 주님은 우리에게 동일하게 물으신다. "네 이웃이 어디에 있느냐?" 가인처럼 "내가 내 이웃을 지키는 자니이까?'라고 말 할 것인가, 제사장이나 레위인처럼 그냥 지나가고 시치미 뗄 것인가?

울부짖는 우리 이웃

우리 주변에 이웃이 울부짖고 있다. 너무나도 많은 사람들이 울고 있다. 하나님을 만나지 못한 모든 사람들은 '강도 만난 이웃'과 같다. 세상에서 누군가에게 당한 사람들, 사악한 영에 유린당한 사람들, 이런저런 이유로 찢기고 상한 수많은 사람들이 쓰러져 울고 있다. 하나님을 만나지 못한 사람들은 인생이 공허하고 우울하고 고독해서 운다. 그 무엇으로도 채워지지 않는 텅 빈 마음을 끌어안고 아파하고 있다. 겉으로는 멀쩡하지만 속은 다 썩어 있다.

불신자들의 탄식을 듣고 있는가? 저들의 아픔을 누가 보듬어 줄 수 있을까? 저들을 보고 그냥 지나치면 저들이 앞으로 어떻게 될 것인지 뻔히 보이지 않는가? 이렇게 해보아도 저렇게 해보아도 채워지지 않는 갈증을 채워 보려고 아우성 쳐 보지만 더 심한 갈증을 느낄 뿐이다. 권력으로도 채울 수 없다. 돈으로도 채워지지 않는다. 인기로도 속 빈 마음이 채워지지 않는다. 쾌락은 더 갈증만 느끼게 할 뿐이다. 채울 수 없는 밑 빠진 독에 물을 붓고 있는 저들의 모습이 불쌍하지 않은가?

매일같이 일어나는 뉴스를 보라. 수없이 많은 사람들이 강도를 만난 사람처럼 갑자기 사고를 당하여 울고 있다. 사랑하는 가족을 갑작

스런 사고로, 포격으로, 재난으로, 물놀이로, 병으로 앓고 아파하는 저들의 마음을 무엇으로 위로 할까. 누가 어루만져 줄 수 있나. 불행을 만난 사람은 알고 보면 가까이 있는 우리의 이웃들이다.

갑자기 장애를 입게 되면 엄청난 충격에 빠지게 된다. 장애를 갖고 태어난 아이도 고통스러운 마음이 내면에 쌓여 있다. 그러나 아픈 저들의 상처를 더 아프게 하는 것이 있다. 장애만으로도 고통스러운데 사람들이 바라보는 편견, 곱지 않은 시선이 더욱 아프게 하고 있다. 사실 알고 보면 우리 모두는 장애인이다. 어딘가는 모자라는 부분이 있다. 장애를 모르는 장애인, 장애를 알고 느끼는 장애인이 있을 뿐이다. 당신은 어떤 부류의 장애인인가? 우리 모두는 강도 만난 사람들이다. 서로가 아끼고 도와줘야 할 대상들이다.

다문화 가족들도 힘들게 버티며 살고 있다. 문화적 차이가 가장 큰 충격이다. 문화가 다른 사람들이 서로 더불어 살면서 얼마나 많은 상처와 아픔이 있겠는가. 그 아픔과 고통을 서로 어루만져 주기는커녕 아픈 상처를 더 깊이 후벼 파고 고통스럽게 하고 있다. 벌써 다문화 가족이 120만 명을 넘었다. 같이 더불어 살아야 하는 이 땅에서 여러 가지 이유로 힘들게 버티고 있다. 이들이 밤마다 흘리는 눈물을 어찌 해야 할까?

노숙인들도 마찬가지다. 노숙인들은 왜 집에 들어가지 않고 거리에서 방황하다가 길거리에서 잠을 자야 할까? 그들은 직장에서 버림받고 가정에서 버림받고 갈 곳이 없다. 자기를 반겨주지 않는 집 보다는 길거리가 차라리 낫다. 길거리에 누워 자고 누군가 주는 밥을 얻어먹으며 사는 것이 낫다. 그러나 저들의 자존심은 얼마나 상했겠는가. 표현을 다 못해서 그렇지, 그 속에 감추어진 아프고 서글픈 마음을 통해 인생의 한 단면을 볼 수 있다.

이 땅의 노인들도 외면당하고 있다. 젊은이들의 힘에 밀리고 있다. 노인들의 권위를 인정해 주지 않고 있다. 옛날에는 노인들 앞에 서면 아무리 못된 자식들도 예의를 갖추고 존중할 줄 알았는데, 이제는 위아래도 없다. 힘이 없으면 밀린다. 종로의 파고다 공원에는 나이든 남자들만 모인다. 나이가 든 남자는 가정에서도 밀린다. 참으로 우리 인생의 갈 길이 험악하다. 자기도 곧 그 지점에 이를 텐데 자기는 늙지 않을 사람처럼 의기양양하게 군다. 인생은 누구나 곧 석양을 맞이한다. 황혼에 붉게 물들어 버린다.

더 크게 바라보라. 세계를 품고 보라. 그러면 이 땅에서 재난을 만난 수많은 행렬을 보게 될 것이다. 쓰나미에 쓸려간 사람들이 얼마인가. 2008년에는 미얀마에서 떼죽음을 당했다. 20만이 넘는 사람들이 물에 둥둥 떠다녔다. 그들의 국가는 눈 하나 꿈쩍하지도 않고 다른 나라 사람들이 구호하러 들어오는 것까지 막아 버렸다. 자신들의 정권 유지하는 일에 문제가 된다며 다 거절해 버린 것이다. 간신히 그곳에 들어가서 집도 지어 주고 학교도 짓고 다리도 놓아준 일이 있다. 피피섬의 쓰나미, 그리고 일본 열도도 쓰나미에 쓸려 갔다. 지진으로 인한 원전 사고로 일본 열도는 공포의 도가니 속에 빠졌다. 쓰나미 사고 후 일본을 방문하였는데 하루에 3, 4차례 일어나는 지진의 공포가 무섭게 느껴졌다. 온 땅을 흔들어 버리는 전율을 느끼게 된다. 참으로 불쌍한 우리의 이웃이다.

스촨성 대지진, 9·11테러로 무너진 뉴욕 쌍둥이 빌딩의 잔해 더미에 깔려 죽은 수많은 사람들, 먹을 것이 없어 영양실조에 걸려 배가 불룩 나온 아프리카와 아시아의 어린아이들, 울 힘마저 사라지고 눈만 끔뻑끔뻑하고 죽을 날만 기다리는 사람들이 이 지구상에 가득하다. 유로존이 금융 부실로 서서히 무너지고 있다. 그처럼 잘나가던 나라들도 대책이 없다. 그리스가 위험하고 스페인, 포르투칼, 이탈리아 등 어느 한 나라 안전한 나라가 없다. 알고 보면 불쌍한 사람들뿐이다.

저 북한을 보라. 획일화 된 사람들이 인간 우상 앞에 꼭두각시 노릇을 하며 기계처럼 살고 있다. 얼마나 먹을 것이 없으면 옥수수 몇 알을 물에 끓여 그물을 마시고 또 마시며 간신히 생명을 연장하며 살겠는가. 사람을 영웅화한 나라는 산천마저 저주를 받아 푸른빛이 사라지고 붉은 흙만 남아 있다. 참으로 불쌍한 내 민족이 저 북녘 땅에서 한 숨 지으며 살고 있다. 백성들은 먹을 것이 없지만 핵은 개발해야 한단다. 게다가 독재자 가족은 부를 한없이 누리며 살고 있다.

남한은 어떠한가? 불쌍하기는 마찬가지이다. 돈이 우상화된 자본주의에 심령이 황폐화 되었다. 심령이 황폐해져서, 서로 원수처럼 공격하며 싸운다. 여당과 야당이 한 치의 양보도 없이, 화합의 흔적도 없이 때려 부숴야 할 대상처럼 싸운다. 좁은 땅 덩어리, 미국이나 중국의 1/100 밖에 안 되는 작은 땅덩어리에 살면서 지역 간에 금 그어 놓고 서로 담을 쌓고 싸우고 있는 모습을 보라. 세대 간, 사상 간 엄청난 간격을 두고 도무지 돌아올 수 없는 강을 건너고 있다. 이 모두가 불쌍한 우리들의 이웃의 모습이다.

재난의 현장으로 달려가라

더 이상 교회 강단이나 교실에만 머물러 있을 수 없다. 재난 당한 현장에 급히 달려가서 우리의 이웃과 함께 할 때다. 수많은 좋은 말이나 격려보다 재난의 현장에서 그 고통을 함께 나누어야 한다. 이 일을 목적으로 만들어진 단체가 '한국교회희망봉사단'이다. 한국교회가 하나님께 받은 은혜와 복이 너무 크고 많은데, 이제는 그 복을 세계 모든 만민과 나누어야 할 때다. 특히 재난을 당하고 고통 받는 이웃이 있는 현장에 우리도 함께 하여 조금이나마 저들의 아픔을 나눌 수 있어야 한다. 이에 내가 시무하는 교회는 한국교회희망봉사단과 함께 서해안 기름 유출 사건 때 검은 기름띠를 제거하려고 아홉 차례 참여했다. 냄새로 범벅되고 기름으로 오염된 서해안의 아픔을 서로 나누고 힘쓰는 동안 생각보다 빨리 정화되었다. 또, 미얀마에 사이클론이 쓸고 갔을 때도 제일 먼저 그 현장으로 뛰어갔다. 그리고 해냈다. 청년들이 십여 차례 팀을 짜서 봉사활동을 시작했다. 집을 지어 주고, 학교를 새로 짓고, 무너진 다리를 놓았다. 저들의 깊은 시름을 같이 나누기를 원하여 함께 했다. 장로님도, 권사님도, 집사님도, 목사님도 함께 하며 미얀마가 문을 여는데 기여했다.

　노숙인들과는 설날과 추석 등 명절에 함께하는 시간을 가졌다. 밥을 퍼주고, 옷도 나눠 주고, 함께 이야기도 나누는 것을 통해 저들의 고통과 아픔이 조금이라도 덜어지기를 원했다. 노숙인도 우리의 이웃이요, 사랑받아야 할 대상이다. 다문화 가족들을 위해서도 큰 잔치를 열고, 문화 공연을 하고 선물도 주었다. 그리고 다문화 선교단체를 지원하기도 했다. 조국을 떠난 외로움을 달래 주면서 이 땅에 평화롭게 정착할 수 있도록 함께 하는 즐거움이 있었다. 용산 화재, 일본군 위안부, 일본 쓰나미, 스촨성 지진, 아이티 지진, 국내외에 일어난 홍수로 인한 피해가 발생할 때마다 기도하고 후원하고 달려갔다. 아이티 최초의 선교사인 인승철 선교사의 장례도 교회 장으로 치루고 가족들을 위로했다. 아이티 돕기에 전 한국 교회가 함께 하여 힘을 모았다. 할 수만 있으면 고통 받고 재난 받는 그 현장에 우리도 있어야 한다.

　주님이 그날에 묻기를 "내가 고통당할 때 너는 어디에 있었느냐?" 말씀하시면, "저도 그때 거기에 있었습니다."라고 대답할 수 있게 된다면 얼마나 좋겠는가.

나눔과 섬김의 미학

　사실 봉사라는 말 보다는 나눔과 섬김이 더 어울린다. 우리는 약점과 부족함 투성이다. 누군가가 채워 주어야 살 수 있다. 서로 나누고 섬길 때, 약점이 보완되고 채워짐의 아름다움을 경험할 수 있다.

"보라 형제가 연합하여 동거함이 어찌 그리 선하고 아름다운고"
(시 133:1)

사람이 왜 결혼하는가? 신랑과 신부는 서로 약점이 많기 때문에 결혼한다. 그 약점을 소리 내지 않고 채워주기 위해서다. 그래서 부부를 '돕는 배필'이라 하였다. 서로가 "어떻게 도와줄까"만 생각하는 부부는 행복하다. 세상에서 서로 나누고 섬기는 모습보다 더 아름다운 모습이 있을까? 부모의 기쁨은 자기가 낳은 아들, 딸이 서로 나누고 섬기는 모습을 보며 사는 일이다. 하나님도 이 땅에 사는 사람들이 서로 나누고 섬기는 모습을 보시기 원하신다. 그 모습을 아름답게 보신다. 얼마나 그 모습이 아름다웠으면 신령한 복과 땅의 기름진 복 그리고 영생의 복을 명하셨을까?

"머리에 있는 보배로운 기름이 수염 곧 아론의 수염에 흘러서 그의 옷깃까지 내림 같고 헐몬의 이슬이 시온의 산들에 내림 같도다 거기서 여호와께서 복을 명령하셨나니 곧 영생이로다"(시 133:2-3)

예수님은 이 땅에 오신 목적을 분명히 하셨다.

"인자가 온 것은 섬김을 받으려 함이 아니라 도리어 섬기려 하고 자기 목숨을 많은 사람의 대속물로 주려함이니라"(막 10:45)

예수님은 오병이어를 축사하신 후에 그것으로 장정 5천 명, 어린아이와 여자들 포함해 2만여 명에게 나누어 주셨다. 세례 요한도 세례 받으러 나오는 무리들에게 크게 책망하면서 나눠 주며 살 것을 요청하고 있다.

"대답하여 이르되 옷 두 벌 있는 자는 옷 없는 자에게 나눠 줄 것이요 먹을 것이 있는 자도 그렇게 할 것이니라 하고"(눅 3:11)

종교적인 어떤 의식에 참여하고 무늬만 갖추는 것보다 더 중요한 것이 있으니 나누어 줄줄 아는 삶이다. 내가 조금 더 많이 가진 것이 있다면, 과시하고 자랑하기 위함이 아니다. 다른 사람에게 나눠주기 위함이다. 그러기에 더 많은 것을 가졌다고 조금도 교만할 이유가 없다.

"선을 행하고 선한 사업을 많이 하고 나누어 주기를 좋아하며 너그러운 자가 되게 하라"(딤전 6:18)

"오직 선을 행함과 서로 나누어 주기를 잊지 말라 하나님은 이같은 제사를 기뻐하시느니라"(히 13:16)

선을 행하고 나눠 주는 것이 곧 예배이다. 이런 예배를 하나님이 기뻐하시는 산 예배라고 부른다. 나눔과 섬김이 정상적인 크리스천의 아름다운 모습이다. 주님을 기쁘시게 하는 삶이다.

형제를 사랑하는 자가 곧 하나님을 사랑하는 자이다

보는 바, 형제를 사랑하지 않고 하나님을 사랑한다고 하는 것은 거짓말이다. 하나님 사랑은 곧 형제 사랑으로 연결된다. 성경을 요약해 보면 핵심 단어가 '사랑'이다. 그 사랑은 먼저 하나님 사랑이요, 그리고 사람 사랑이다. 참으로 신기한 것은 먼저 하나님을 사랑하게 되면 하나님의 사랑이 나에게 부어진다. 하나님의 사랑이 부어지면 자연스럽게 형제를 사랑하게 된다. 그 사랑은 일시적이거나 감정적인 것이 아니다. 조건적인 것도 아니다. 하나님의 사랑으로 사랑하게 된다. 나누고 싶고 섬기고 싶어진다. 그때 주님은 지극히 가난한 자, 헐벗은 자, 강도 만난 자의 모습으로 우리에게 찾아오신다. 준비된 자는 그렇게 찾아오는 사람들과 함께 나눈다. 그들을 기꺼이 섬긴다. 그때 주님은 주님 자신을 섬긴 것으로 칭찬하신다. 그것을 인정하시는 것이다.

"누구든지 하나님을 사랑하노라 하고 그 형제를 미워하면 이는 거짓말하는 자니 보는 바 그 형제를 사랑하지 아니하는 자는 보지 못하는 바 하나님을 사랑할 수 없느니라"(요일 4:20)

"임금이 대답하여 이르시되 내가 진실로 너희에게 이르노니 너희가

여기 내 형제 중에 지극히 작은 자 하나에게 한 것이 곧 내게 한 것이니라 하시고"(마 25:40)

우리 주변에 주린 자가 많다. 저들에게 먹을 것을 나눠 주는 것이 곧 주님께 한 것이 된다. 목마른 자를 마시게 하자. 나그네 된 자를 영접하고, 헐벗은 자에게 옷을 입히자. 병든 자를 돌보고 옥에 갇힌 자를 가서 돌아보자. 그곳에 주님이 계신다. 내게 있는 것으로 네게 나눌 수 있고, 너를 섬길 수 있는 것이 복이다. 주님을 멀리서 신비 가운데 찾지 말고, 가까이 다가오는 사람들을 통해서 보자. 저들을 주님을 섬기는 심정으로 섬기다 보면 그 안에 주님이 계심을 깨닫게 될 것이다.

이제는 나를 넘어서 너에게로

자기의 문제를 해결 받고 나면 다른 사람이 보인다. 내 배고픈 문제를 해결 받고 보니 배고픈 사람이 보인다. 내 구원 문제 해결 받은 사람에게는 전도할 대상이 보인다. 자기 문제를 해결 받지 못한 사람은 언제나 자기중심적이고 이기주의적이다. 그럴 수밖에 없는 것은 자기 문제가 아직도 해결 되지 못했기 때문이다. 이제는 나를 넘어설 때이다. 나를 넘어 너에게로 나의 사랑이 흘러가고, 나의 더 많은 것이 흘러갈 때 아름다운 세상이 만들어져 간다. 사랑이 흘러 갈수록 나를 넘어설수록 더 풍성하고 생명력이 넘치는 곳을 만들어 간다.

헐몬산에서 물을 받은 갈릴리 호수는 물이 넘쳐 흐른다. 그 물이 요단강을 따라 사해까지 흘러간다. 사해에 이르러서는 물이 흘러 갈 곳이 없다. 흘러 보내지도 않는다. 계속 흘러넘치는 갈릴리 호수에는 늘 생명의 소리가 있다. 살아있는 호수가 된다. 세상에서 가장 많은 어종의 고기가 살고 있다. 계속 흘러넘쳐 메마르지 않기에 언제나 물이 풍성하다. 이에 반해 받기만 하고 줄줄 모르는 사해는 중간 바닥을 드러내고 있다. 양쪽 바다로 나누어지고 있다. 받기만 하는 곳은 쇠퇴하고 사라진다. 받는 것도 좋지만 주는 것이 더 복되다. 나를 넘어 너에게로 흘러가는 나눔과 섬김의 복이 필요하다. 더는 이기주의적 소아병에 시달리는 어리석음에 머물지 말자. 이제는 나를 넘어 너에게로 흘러가야 산다. 그래야 너도 살고 나도 살게 된다.

12
무엇이 가슴을 식게 하는가?

불 꺼진 곳에는 맹수들이 모여든다

불 꺼지는 것이 제일 두렵다. 불 꺼진 곳에는 죽음의 그림자가 밀려오기 때문이다. 케냐의 암보셀리(Amboseli) 국립공원과 마사이 마라(Masai Mara) 국립공원에는 수많은 짐승들이 떼 지어 다닌다. 얼룩말, 루우, 임펠라, 코끼리, 사슴 떼들이 줄지어 간다. 여러 동물들이 이곳 저곳에 모여 있다. 사자, 치타, 하이에나, 하마, 버팔로, 여우, 멧돼지, 늑대 등 헤아릴 수 없이 많은 동물들이 산다.

한번은 암보셀리 공원에서 치타가 임펠라를 사냥하여 잡아먹는 광경을 보았다. 치타 세 마리가 조용히 숨을 죽이고 있어 무슨 일이 일어날 것 같았다. 우리도 차를 세워 숨죽여 어떤 일이 일어날까 살펴

보았다. 아니나 다를까 치타 세 마리가 저 멀리 먹잇감이 가시거리에 들어오니 시속 120킬로미터로 달려갔다. 우리가 차를 몰고 작은 언덕을 넘어 보니 벌써 임펠라 한 마리를 잡아 3분의 1은 먹고 피에 물든 붉은 주둥이를 하고 우리를 쳐다보고 있지 않은가. 자세히 관찰하니 임펠라 떼 중에서 먹잇감은 무리를 이탈하여 떨어져 있는 녀석이었다. 앞이든 뒤든 혼자 잘난척하며 무리에서 떨어져 가다가는 잡혀 먹힌다. 무리 한 가운데는 제 아무리 맹수라도 접근하기 힘들다. 공동체 속에 함께 하는 것이 적으로부터 자기를 보호 하는 길이다.

마사이 마라 공원에서는 사자가 루우를 잡아먹는 광경을 관찰할 수 있었다. 사자 한 마리가 루우 떼 가까이 접근하여 떨어져 가던 루우 한 마리를 집중 공격하여 쓰러뜨렸다. 자기 몸집 보다 세 배나 더 큰 소가 사자에게 꼼짝없이 당하고 말았다. 목덜미를 물려 숨이 끊어지니 금방 쓰러져 사자의 밥이 되었다. 사자는 그 무거운 루우를 끌고 나무 밑으로 들어가 혼자 사냥감을 먹었다.

혼자 떨어진 곳에는 맹수가 찾아들고, 불 꺼진 곳에는 사탄과 그의 졸개들이 찾아온다. 그런데 불만 있으면 맹수들도 무서워서 도망친다. 횃불 하나만 들고 있어도 맹수의 접근을 막을 수 있다. 맹수들도 불 앞에서는 벌벌 떤다. 그러다가 불 꺼지면 달려드는 것이다. 사탄도 불 꺼진 집에 모여든다. 불 꺼진 교회에 찾아간다. 그 집에서, 그 교회에서 광란의 축제를 벌인다. 불 꺼진 그곳이 자기들의 아지트다. 활동 무대다. 그러니 불 꺼진 가정과 교회가 되는 것은 두렵고 슬픈 일이다. 불이 없으면 사탄의 공격을 당해 낼 수 없다.

첫 사랑이 식은 에베소 교회

신약성경 요한계시록에 언급되는 에베소는 그 당시에도 큰 도시였다. 도로가 잘 닦여 있고 큰 도서관이 자리 잡고 있었다. 목욕 문화도 발달되어 있었고 주택도 고급이었다. 상업도 발달한 도시이다. 그곳에 자리 잡은 에베소 교회는 참으로 좋은 교회였다. 수고를 많이 했다. 잘 인내했다. 악한 자들을 용납하지 않았다. 거짓 사도를 쫓아냈다. 참고 견디고 게으르지 않고 부지런 했다. 니골라 당의 행위를 미워했다. 참으로 분별력 있고, 의지력이 있는 교회였다. 에베소 교회에서 잘 배우고 훈련된 교회의 모습을 볼 수 있다. 그런데 문제는 가슴이 식은 것이다.

"처음 사랑을 버렸다"고 주님이 책망하셨다. 이성도 되고 의지력도 있는데, 감정이 식어 버린 것이다. 주님은 모든 것을 아신다. 잘한 것도 아시고 잘못한 것도 아신다. 겉모양도 알지만 속마음도 알고 계신다. 중요한 것은 속마음이다. 마음속에 첫사랑이 식으면 형식만 남는다. 우리의 신앙은 어떠한가? 첫사랑의 기쁨과 감격 그 뜨거움이 아직도 내 가슴을 데우고 있는가, 아니면 식어 버린 지 오래 되었는가? 자기도 모르는 사이에 가슴이 식어 버린 것이 문제다. 어디서 잃었는지, 무엇을 하다가 식어 버렸는지를 찾아내야 한다.

사탄의 전략에 속은 사람들

이는 결국 사탄의 전략에 속은 것이다. 사탄은 이것저것 누리게 하지만 속마음을 식게 한다. 첫사랑은 식어 모양만 유지할 뿐이다. 첫사랑이 식었는데 무슨 열정이 있겠는가. 또 열정이 사라지면 무슨 일을 할 수 있는가. 사랑을 빼면 남는 것이 없다. 사탄은 끊임없이 우리 마음속에 사랑이 식도록 부채질한다. 자기도 모르는 사이에 서서히 사랑이 식고 만다. 가슴에 불이 꺼지고 나면 사탄의 먹잇감이 된다. 사탄은 가슴이 식은 사람들을 자기 손아귀에 두고 조종한다. 하나님의 일을 그르치게 만들어 버린다.

라오디게아 교회 근처에 가면 온천수가 흐른다. 처음에 나온 물은 뜨겁다. 뜨거운 물이 김을 내며 흐르지만 시냇물을 따라 가다보면 식어 버리고 만다. 저절로 미지근하게 식는다. 더 멀리 내려가면 더 차갑게 식고 만다. 우리의 신앙도 세월의 흐름 따라 특별한 조치를 취하지 않으면 식을 수밖에 없다. 세상의 물결 속에 같이 흘러가다 보면 어느새인가 가슴이 식어 있다.

이 세상은 세속적 가치관이 지배한다. 세속적 가치관의 핵심은 비교 의식이다. 세상에 있는 것들이 육신의 정욕과 안목의 정욕과 이생의 자랑이다. 그 물결 속에 빠져들면 뜨거웠던 가슴이 저절로 식고 만다. 비교 의식은 열등 의식, 피해 의식 속에 빠져들게 한다. 그것이 마음의 상처로 얼룩지게 한다. 이 문제에서 자유로운 사람이 어디 있는가. 태어날 때부터 비교당하고, 성장하는 동안 부모로부터 비교 당하고, 학교 가면 선생님으로부터 비교 당한다. 피할 수 없는 현실이다. 성적으로 일류, 이류, 삼류 대학에 진학한다. 성적뿐만 아니라 외모, 성품, 능력, 기질 그 무엇 하나 비교 당하지 않는 것이 있는가. 비교 당하면 열등 의식에 빠지게 된다. 육신의 정욕, 안목의 정욕, 이생의 자랑에 끌려가는 세상은 우리의 가슴을 식게 한다. 결국은 영으로 시작해서 육으로 망하게 된다.

세속의 물결이 강하게 휘몰아치며 세상사를 이끌 때, 성도는 그 흐름을 거슬러 올라가지 않으면 살 수 없다. 살아있는 물고기는 물결을 거슬러 올라간다. 그러나 죽은 물고기는 물이 흐르는 대로 흘러가고 만다. 아무리 세상이 탁류 속에 급히 흘러간다고 해도 그 물결과 쉽게 타협하면 결국 첫사랑을 잃게 된다. 뜨거운 가슴이 식어 버린다. 힘들어도 세속의 물결을 거슬러 올라가자. 그래야 나도 살 수 있고 다른 사람들도 살릴 수 있다.

AIDS, 교회와 성도를 망치는 주범

삼성경제연구소의 한 수석연구원이 쓴 글을 보면, 한국 경제를 망치는 주범을 AIDS 로 설명했다. A는 과욕(Avarice), I는 타성(Inertia), D는 착각(Delusion), S는 자아도취(Self-Absorption)를 의미한다. 이 글을 보면서, AIDS는 한국 경제를 망치는 주범일 뿐 아니라 한국 교회와 성도들을 속이고, 그 뜨거움을 식게 만드는 주범이라는 생각이 들었다. 우리의 뜨거운 가슴을 식게 하는 AIDS는 어떤 것들인가?

첫째는 A, 과욕(Avarice)이다. 즉 탐심이 가득한 마음이다. 주님은 여우도 굴이 있고 새들도 깃들일 곳이 있건마는 인자는 머리 둘 곳이 없다고 탄식하셨다. 세상의 가난 때문에 하신 말씀일까? 아니다. 사람들의 마음을 들여다보고 하신 말씀이다. 사람들 마음속에 정치적 야심, 세속적 욕망이 가득해 예수님이 들어 갈 자리가 없어서 하신 말씀이다. 사람들 마음에는 욕심이 많다. 욕심이 잉태하여 죄를 낳고 그 죄가 장성하여 사망에 이른다. 과도한 세속적 욕심이 첫사랑을 버리게 하고 가슴을 식게 한다. 가수 하덕규 씨가 간증을 통해 소개한 노래 '가시나무'에는 자신의 신앙 고백이 담겨 있다. "내 속에 내가 너무도 많아 당신의 쉴 곳 없네…" 정말 내 속에 가득한 것이 주님이 주신 비전인가, 아니면 나의 세속적 욕망인가. 세속적 욕망이 과도하게 넘치고 있지는 않은가. 주님은 비우고 또 비우셨는데, 내려놓고 더 내려 놓으셨는데 우리는 채우고 또 채우려 하지 않는가. 물질도 채우고, 영광도 채우고, 만족도 채우고, 명예도 잡고, 권세도 잡으려는 욕망을 마치 신앙처럼 생각하고 달리고 있지는 않은지 살펴보아야 한다.

믿음으로 살기가 내 과도한 욕망 채우기로 변질 되면서 자기 가슴에 주님을 사랑하는 열정은 식기 시작한다. 주님 한 분만으로 만족하며 살던 나에게 무엇이 더 필요한가? '주님은 나의 만족'이시다. 다른 것은 있어도 그만, 없어도 그만이다. 주님 이외에 무엇이 더 필요한가. "여호와는 나의 목자시니 내게 부족함이 없으리로다…내 잔이 넘치나이다"(시 23편) 이것이 평생 나의 고백이요 나의 삶이어야 한다. 내 욕심을 채워보라. 언제나 만족함이 없다. 부족함이 많아 원망과 불평투성이다. 세상의 맛을 보면 금방 가슴이 식고 만다. 적절히 세상과 타협하며 산다. 예수님을 믿고 주님과 함께 하면서 더 이상 바랄 것이 무엇인가? 비천에 처할 줄도 알고, 풍부에 처할 줄도 아는 사람이 되자. 어느 환경에 들어가도 대 만족 속에서 사는 것이다. 초막이나 궁궐이나 내 주 예수 모신 곳이면 그 어디든지 하늘나라가 된다. 예수님이 있으면 다 있는 것이요. 예수님이 없으면 아무것도 없는 것이다. 예수님 이외의 것은 있으나 마나이다. 그것 때문에 마음 상할 이유가 없다. 낙심할 이유도 없다. 예수님 한 분만으로 만족하면 된다.

둘째는 I, 타성(Inertia)이다. 방문이 삐걱거리며 시끄러운 소리를 내면 처음에는 매우 거슬린다. 그러나 하루, 이틀, 일주일, 이주일 지나면 별로 신경 쓰이지 않는다. 처음에는 보이고 들리는데, 세월이 흐르면 안 들리고 안 보인다. '타성'에 젖어 버린 것이다.

처음에 예수님의 십자가 앞에서 얼마나 울었는가. 매일 감동적이었다. '십자가'라는 말만 들어도 눈물이 났다. 예수님 사랑에 흠뻑 빠져 다른 것이 눈에 들어오지도 않았다. 부활의 믿음 속에서 환호성 치며 기뻐했다. 온 세상을 다 얻은 것처럼 기뻐하고 감사했다. 그런데 세월이 흐르면서 듣고 또 듣다보니 점점 무뎌지는 것이 아닌가.

북한에 갔을 때 마음에 찔림이 있었다. 김일성, 김정일 부자 이야기를 할 때마다 북한 간부들의 모습을 유심히 살펴보았다. 같은 말을 아침, 저녁 반복해서 듣고, 매일 듣는데도 저들의 눈에는 항상 눈물이 맺혀 있었다. 이미 세상을 떠나 버린 자신의 아바이 수령을 위해서도 저렇게 뜨거운 마음을 품고 사는데, 왜 내 눈에는 눈물이 메말랐는가 싶어 부끄러웠다. 십자가와 부활의 복음이 얼마나 우리에게 감격이고 기쁨이었나. 복음이 전부라며 모든 것 다 버리고 주님을 따랐는데, 왜 내 가슴은 식고 있는가? 이미 타성에 젖은 것이다. 타성에 젖는 것은 무서운 일이다. 타성에 젖으면 감동이 없고, 가슴이 식고 만다. 그 뜨거웠던 첫사랑은 온데간데없어진다.

제주도에 가면 세계에서 제일 아름답기로 유명한 정원이 있다. '분재 예술원'이다. 그곳은 중국의 옛 주석 장쩌민도 다녀갔다. 일본 전 총리인 나카소네 야스히로도 방문했다. 장쩌민은 30분 정도 머물려고 계획했는데, 그 곳의 아름다움에 반해 1시간 30분 동안 그곳에 머물렀다고 한다. 그리고 중국의 고위 관리들을 이곳에 보냈다. 나도 그곳을 몇 번 방문한 적이 있다. 원장인 성범영 씨와도 많은 이야기를 나눴다. 처음 그가 제주도에서 나무를 키울 때 많은 사람들이 그를 미친놈이라고 놀렸단다. 그러나 그는 흔들리지 않고 이곳을 지키며 지금의 분재 예술원을 만들어 냈다. 이곳이 더 유명해진 이유는 성 원장의 분재 철학 때문이다. 분재한 나무는 보통 나무보다 3~4배 더 오래 사는데, 그 비결은 분갈이에 있다. 2년에 한 번씩 분갈이를 하며 뿌리를 다 잘라준다. 뿌리가 다 잘린 나무는 죽지 않고 오히려 자기 몸의 모든 진액을 짜내어 다시 뿌리를 내리기 시작한다. 2년이 지나면 뿌리가 화분에 가득 찬다. 그러면 또 인정사정 보지 않고 뿌리를 다 잘라내기를 반복한다. 과연 뿌리란 무엇인가? 성 원장은 철학적 의미를 부여하여 설명했다. 뿌리는 '고정 관념', 곧 '타성'이라는 것이다. 사람도 '타성'에 젖는 것이 문제다. 신앙생활에 있어서도 타성에 젖으면 별수 없다. 가슴은 식어버리고 껍데기만 남은 신앙인이 된다. 식은 가슴으로는 하나님의 기적을 볼 수 없다. 하나님의 사역을 제대로 감당할 수 없다.

셋째는 D, 착각(Delusion)이다. 이스라엘 사람들 특히 바리새인들을 보라. 이들은 착각 속에 빠져있었다. 자기들이 제일 잘 믿는 것처럼 생각했다. 아마 지금도 그 생각에는 변함이 없을 것이다. 착각 속에 빠진 사람들은 새로운 것이 안 보인다. 가끔 우리도 착각 속에 빠지는 때가 있다. 분명 이 길로 가면 목적지가 나오겠지 확신을 했는데, 엉뚱한 곳이 나올 때가 있다. '자기 확신'도 못 믿을 것이건만, 그것은 또 얼마나 많은 갈등을 일으키는가. 지나고 보면 부끄러운 것이 너무 많다. 자기가 옳은 줄 알고 끝까지 우기며 갔는데, 결국 그것은 착각인 경우가 많다.

나는 멕시코의 한 지역에서 착각 속에 빠져 길을 잃고 헤매었던 적이 있다. 얼마쯤 걸어가면 '선교 센터'가 있을 것으로 확신하고 차를 그냥 보냈는데, 해변에서 아무리 걷고 또 걸어도 목적지가 보이지 않았다. 그래서 마을을 찾아 차를 얻어 탔고 그제서야 간신히 목적지를 찾았다. 순간의 착각이 일을 그르치게 한 것이다. 많은 사람들은 자기가 믿는 종교 또는 믿음의 대상을 정해 놓고 착각 속에 빠져 살고 있다. 우상을 숭배하고도 하나님이 기뻐하실 줄 안다. 별의 별 신들을 만들어 섬긴다. 네팔의 쿠마리 신을 보면 한심하다는 생각이 든다. 어리고 예쁜 여자아이를 선택하여 초경을 하기 전까지 꾸마리 신전에 모시고 신으로 섬긴다. 신도 아닌 어린아이가 얼마나 고역이겠는가. 이로인해 그의 인생은 삭막해져 결국은 결혼도 할 수 없게 버려지고 만다. 초경을 시작하면 신의 지위를 박탈당하고 말기 때문이다.

넷째는 S, 자아도취(Self-Absorption)이다. 자아도취 된 신앙은 신비주의 이단에 빠지게 한다. 결국은 가슴이 식어 주님으로부터 멀리 떠나간다. 이단에 빠진 사람들을 보라. 저들은 누구의 말도 들으려 하지 않는다. 이미 자아도취에 빠져 버린 것이다. 30여 년 전, '이교부'란 사람이 있었다. 20세기의 사도 바울이라고 일컬어지며, 한동안 많은 사람들을 미혹했다. 머리를 짧게 자르고 한복과 고무신을 신고 다니며 온 종일 집회를 인도하기도 했다. 많은 사람들이 그의 말씀에 빠져 들어 갔다. 그럴듯해 보였다. 그러나 그것은 자아도취일 뿐이었다. 결국 많은 교역자들과 신학생들까지 소위 '천국 댄스 사건'에 연루되면서 막을 내리고 말았다. 지금까지 수많은 이단 교주들과 그를 따르는 사람들을 보라. 자아도취에 빠져 들었다. 자신이 성령님이라고 생각한다. 자신이 재림 주라고 선전하는 사람이 국내만 해도 100명이 넘는다. 그들을 재림 주 혹은 성령님으로 믿고 따라 다니는 사람들이 너무 많으니, 이는 참으로 한심한 일이 아닌가.

가슴을 차게 만드는 죄의 덫

우리의 식어 버린 신앙과 열정은 결국 죄의 문제와 연결된다. 죄는 하나님과의 교제를 단절케 하고 첫사랑에서 멀어지게 한다. 사람이 죄를 범하면 하나님과 가까이 할 수가 없다. 결국 스스로 하나님으로부터 멀어진다. 그러나 죄는 매력적인 것이어서 사람을 유혹하는 힘이 강하다. 사탄은 죄를 짓게 하기 위해 '빛의 천사'로 가장 하여 찾아온다. '빛의 천사'로 가장하여 찾아온 사탄에 빠져들게 되면, 결국은 죄의 덫에 걸려들게 된다. 그 덫에 빠지면 가슴이 싸늘하게 식고 만다. 죄는 세상 어딜 가든지 요동치고 있다. 죄를 조장하고 이끌어 가는 세력이 있다. 사도 바울도 죄의 세력에 끌려가는 자신의 모습을 보고 한탄하지 않았던가.

"내 지체 속에서 한 다른 법이 내 마음의 법과 싸워 내 지체 속에 있는 죄의 법으로 나를 사로잡는 것을 보는도다 오호라 나는 곤고한 사람이로다 이 사망의 몸에서 누가 나를 건져내랴"(롬 7:23-24)

케냐의 북쪽지역에 보고리아(Bogoria) 호수가 있다. 그곳에 가면 홍학 떼가 호수에 가득한 장면을 볼 수 있다. 참으로 장관이다. 홍학이 먹이가 가득한 호수에서 마치 천국에라도 온 것처럼 즐기고 있다. 그 평온한 가운데서도 매들이 침범하여 홍학의 생명을 빼앗아 간다. 호수 주변에는 100도씨에 가까운 뜨거운 온천이 솟아나는데, 이곳 가까이 왔던 홍학들이 쭉 뻗은 채 죽어 있는 모습도 발견할 수 있다.

이처럼 사람은 자기도 모르는 사이에 죄에 얽매여 죽음으로 끌려간다. 죄는 멸망으로 끌고 가는 세력이다. 그 죄의 세력을 조심해야 한다. 내 힘만으로는 결코 이길 수 없는 세력이다.

13
다시 타올라야 교회의 내일이 있다

    호렙산 가시떨기 불 꽃 가운데 나타나신 하나님은 인간 구원의 한 맺힌 소원을 안고 지금도 그 불길 속에 계신다. 인류 구원의 뜨거운 불길은 지금도 타오르고 있다. 하나님은 한 번도 그 불을 꺼뜨리지 않으셨다. 아무리 인간이 하나님을 외면해도 하나님은 인간을 버리시지 않는다.

    하나님의 불을 담아 이 땅에 오신 분이 예수님이시다. 예수님도 이 땅에 오셔서 "이 불이 이미 붙었으면 내가 무엇을 원하리요"(눅 12:49)라고 말씀 하셨다. 예수님도 우리들의 가슴 속에 불이 붙기를 소원하셨다. 성령의 불, 기도의 불, 전도의 불 말씀의 불이 붙었으면 하는 간절한 마음이셨다.

불이 붙어야 살기 때문이다. 불이 꺼지는 것은 최고의 불행이다. 마귀에게 자신을 내놓는 것과 같다. 불 꺼진 곳은 마귀의 무도회장이 된다. 그래서 성령은 불덩어리가 되어 이 땅에 오셨다. 성령이 임하실 때에 불의 혀 같이 갈라지는 것이 각 사람 위에 임하였다. 저들의 가슴은 다시 뜨거워지기 시작했다. 성령이 오심으로 꺼져있는 제자들의 마음에 다시 불이 타오르기 시작했다. 삼위일체 하나님은 뜨거운 불을 원하신다. 불 꽃 가운데서 지금도 서 계신다. 그 불이 우리의 가슴에 옮겨 붙기를 소원하신다. 그 불을 붙이기 위해 자신이 친히 불덩어리가 되어 이 땅에 찾아 오셨다.

계속적인 기름부음

북한이 자랑하는 서해 갑문에 간 적이 있다. 서해 갑문을 향하여 가던 중에 차안에서 북한의 간부들이 '북한 조개구이'가 맛있다며 한참 자랑을 했다. 며칠을 같이 지내면서 어느 정도 마음을 열었던 터라 그 조개구이를 먹을 수 있게 해달라고 제안했다. 순간 그들은 난감한 표정을 지었다. 그러다 자랑을 많이 했으니 구해보겠다며, 여기서는 휘발유로 조개를 구워 먹는다고 했다. 생각만 해도 신기했다. 어떻게 휘발유를 뿌려서 조개를 구워 먹을까. 휘발유 냄새를 어떻게 제거 할 수 있나. 궁금증을 안고 기다렸다. 마침내 조개를 200개 정도 구해왔다. 그리고는 길바닥에 거꾸로 세웠다. 함께 모아놓고 그 위에 휘발유를 뿌리며 불을 붙였다. 꺼질 만하면 다시 휘발유를 뿌렸다.

그렇게 십 여분이 지났다. 조개가 입을 벌리기 시작했다. 휘발유 불에 조개가 잘 익은 것이다. 휘발유 냄새가 나는 조개를 어떻게 먹을 수 있을까 고민했다. 그런데 먹어보니 휘발유 냄새가 전혀 나지 않았다. 조개는 잘 구워져서 맛이 있었다. 계속 기름을 뿌리니 휘발유 냄새는 바람에 날아가고 그 불길로 조개는 잘 구워졌던 것이다.

방법은 한 가지다. 계속해서 기름을 뿌려 주어야 불이 꺼지지 않는다. 불이 계속 타오르니 날것으로는 먹을 수 없던 조개가 먹을 수 있게 된 것이다. 쓸모없는 것이 쓸모 있게 되고, 값없는 존재가 값지게 변했다.

불 속에 들어가면 참으로 신기한 변화가 많이 일어난다. 금광석도 불 속에 들어가야 돌이 골라져 순금만 남게 된다. 불의 온도가 셀수록 순금에 가까워진다. 한 번 붙은 불은 일정 시간이 지나면 꺼지게 되어있다. 꺼지기 전에 기름을 부어야 다시 타오르게 된다. 꺼지려고 가물거리면 또 기름을 부어야 한다. 성령의 기름 부으심이 계속되는 한, 불이 꺼지는 것을 막을 수 있다. 내 가슴이 식으려고 하는가? 성령의 기름을 부어라. 이전에 부음 받았던 그 기름을 또 부어야 불이 꺼지지 않는다. 시간마다 불이 꺼지는지 살펴보고, 성령의 기름을 부으면 꺼져가는 불씨마저도 살릴 수 있다. 그 옛날 화롯불을 추억하여 보라. 화롯불이 꺼져 가면 다독거려 중앙으로 모아 주어 다시 살렸다.

불씨가 남아 있는 한 다시 살려 낼 수 있다. 지금은 기름을 부을 때다. 성령의 기름을 계속 붓게 되면 여러 가지 요인으로 식었던 가슴에 다시 불이 타오른다. 그 불이 타오르기 전에는 섣불리 일하려 하지 말라. 결국 불 없이는 아무것도 할 수 없고 일을 더 그르칠 테니까. 지금도 필요한 것은 성령의 기름이다. 그 기름이 떨어지지 않게 하라. 그리고 그 기름을 계속해서 부어대라. 결코 가슴이 식지 않을 것이다.

기도의 불씨 살려내기

기도의 불씨가 꺼지면 온 교회가 식고 만다. 불길이 약해진 것은 기도의 부족 때문이다. 기도가 약해지면서 가슴도 식고, 교회도 식게 된다. 기도는 하나님께 아뢸 수 있는 자녀의 특권이다. 최고의 특권도 쓰지 않으면 녹슬어 버린다. 사람이 살만해지면 점점 기도의 열기가 식기 쉽다. 절박하고 아쉬울 때는 그렇게 매달리고 부르짖었는데, 급한 문제가 해결되고 아쉬운 것이 별로 없어지면 기도의 열기부터 식는다.

서울신학대학을 다닐 때 기숙사 총학생장을 하게 되어 새벽을 깨우는 일을 했다. 기숙사에 있는 학생들을 돌보고 기도하도록 깨웠다. 그 때 마스터키는 총학생장에게만 주어져 언제든지, 누구의 방이든지 열 수 있었다. 이것은 나에게 주어진 특권이었다. 마스터키는 곧 기도의 특권이었다. 기도로 열지 못할 자물쇠는 없다. 어떤 잠긴 문도 마스터키로 열 수 있듯이, 기도하면 하늘 문이 열리고, 닫혀 있던 문도 열린다. 성도들에게 이 특권이 있다. 문제는 이 특권을 활용하지 않으면 소용이 없다는 것이다. 열쇠를 주어도 열지 않으면 문을 열 수 없다. 기도를 지식적으로 아는 것으로는 소용이 없다. 기도를 가르치는 것도 액세서리에 불과하다. 기도는 직접 해야 한다. 예나 지금이나 기도의 특권을 활용하는 자는 응답을 받는다. 주님께서도 "기도 외에 다른 것으로는 이런 종류가 나갈 수 없느니라"(막 9:29)고 말씀하셨다. 기도 외에는 방법이 없다. 오직 하나님께만 매달리고 기도하되, '간절히' 기도해야 한다. 또 연합하여 기도할 때 능력이 있다. 구체적으로 기도할 때 구체적인 응답을 받는다. 예루살렘 교회가 옥에 갇힌 베드로를 위하여 간절히 하나님께 빌었다. 그 때 어떤 일이 일어났는가. 하나님이 그 기도에 응답하여 천사를 보내 옥에 갇힌 베드로를 그곳에서 끄집어내셨다. 참으로 놀라운 일 아닌가.

지금도 기도는 동일하게 역사를 일으킨다. 다만 기도의 열기가 식어서 하나님의 기적을 보기 힘들 뿐이다. 오늘날 모든 결실은 기도의 산물이다. 기도 없이는 그 어떤 하나님의 일도 잘 될 수 없다. 성경에 나타난 기도의 응답은 지금도 계속되고 있다. 성경의 역사가 그 시대로 끝났다면 성경이 지금 나와 무슨 상관이 있겠는가. 그러나 중요한 것은 지금도 홍해의 기적은 계속되고, 오병이어의 기적도 계속되고 있다. 엘리야 시대의 까마귀는 지금도 준비되어 있다. 다시 기도의 무릎을 꿇자. 이것만이 내 가정과 교회, 민족을 살리는 지름길이다. 이러쿵저러쿵 말싸움에 끼어들지 말고, 이편저편에 가담해서 힘을 소진하지 말고, 하나님을 향해 기도의 입을 여는 편이 훨씬 빠르다.

기도하는 길 밖에는 없다. 오늘날 이 얽히고설킨 숱한 문제들을 그 누가 해결 할 수 있는가? 그 누구도 할 수 없다. 유엔사무총장도, 미국 대통령도, 유럽연합도 그 누가 힘을 모으고 지혜를 짜내도 인간이 벌여놓은 이 지구상의 문제를 해결 할 수 없다. 해결하려고 하면 할수록 더 미궁에 빠질 뿐이다. 핵으로 가득한 군사적 충돌을 누가 막아줄 것인가. 이기주의적인 정치, 불안한 경제 현상을 어찌 막을 수 있나. 이 지구상에는 인간 스스로가 파 놓은 지뢰밭으로 가득하다. 언제, 어디서, 어떤 문제가 터질지 예측 불허다. 점점 미궁 속으로 빠져가는 이 세상을 누가 건져내랴. 하나님이 개입하셔야 한다. 하나님이 개입하시도록 요청해야 한다. 하나님이 개입하시면 무엇이든 다 할 수 있다. 사람으로서는 할 수 없으되 하나님으로서는 다 하실 수 있다. 고등학교를 한 학기 밖에 다닐 수 없던 환경 속에서 대학교, 대학원, 박사 과정까지 총22학기를 무사히 마칠 수 있었던 것은 전적으로 기도의 응답이다. 매 학기마다 아무런 대책이 없었다. 등록금 마감일까지도 다음 학기 등록금이 마련되지 않아 늘 기도했다. 그 기도가 힘이고 기도가 능력이었다. 참으로 신기한 것은 마지막 날, 마지막 시간에 하나님은 어떤 방법을 통해서이든지 역사하셨다. 한 학기도 거른 적 없이 졸업할 수 있었던 것은 오직 기도의 결과였다. 기도하면 하나님은 반드시 응답하신다. 기도의 응답으로 이루었기에 오직 하나님을 높이고 자랑할 뿐이다.

개척교회도 기도의 무릎으로 하는 것이다. 기도할 때 필요한 사람들을 예비하시고 필요한 물질도 동원하여 주신다. 백만 원을 빚지고 시작한 교회지만, 80년대 후반의 2년 동안 10억 원을 동원해 주셨다. 참으로 놀라운 일이다. 40여 회의 기도 응답으로 교회 부지를 사고 빌딩을 사는 일을 하게 하셨다.

처음에는 불신자만을 위해 기도했다. 불신자들이 예수님을 믿게 하여 제대로 양육해 보리라 마음을 먹고 기도를 했다. 그랬더니 신기하게도 3년 동안 불신자만 전도 되었다. 불신자를 믿게 하고 양육하는 일은 좋은 일이나 저들을 키우는 데는 시간이 많이 들었다. 3년 후에는 기도를 바꾸었다. 이사 오는 사람들 중에 믿는 사람도 괜찮으니 보내주소서 그랬더니 새신자가 믿는 사람 반, 불신자 반씩 등록 하였다. 하나님은 기도한 대로 응답하신다. 아니, 기도한 것 보다 더 좋은 것으로 응답하신다. 기도의 불씨를 다시 살려보자. 지금도 기도의 열기가 식는 것이 제일 두렵다. 나 자신도 그 열기가 식지 않도록 새벽과 저녁 그리고 틈틈이 시간을 내서 기도한다. 첫 사랑의 뜨거움이 더 뜨겁게 타오르도록 기도한다. 그리고 교회 전체도 늘 기도의 불길이 늘 타오르도록 당번을 정해 기도하고 있다. 이곳저곳에서 기도의 불씨가 타오르고 있다.

지금 시무하는 은평교회도 1년 365일 시간별 릴레이 기도로 이어간다. 새벽 1~2부 예배, 그리고 저녁마다 기도회가 이어진다. 낮에도 기도회 권사회에서 돌아가며 기도한다. 매일 구역별로 기도하며 기도의 열기를 이어간다. 심야기도회, 특별기도회, 새벽기도 총진군을 통하여 전 성도가 함께 기도할 수 있도록 기회를 제공한다. 40일 철야기도회를 통하여 집중적으로 기도에 매달린다. 매일 중보기도 팀이 중보기도실에서 기도한다. 설교 시간마다 설교를 위한 중보기도자 10~20명의 이 간절히 기도하고 있다. 기도를 쉬는 죄를 범치 않기 위하이 힘쓰고 있다. 청년들도 수요일 저녁마다, 선교 시작 한 달 전부터 선교를 마칠 때까지 매일 저녁을 기도로 이어간다. 기도의 숨통이 끊어지지 않는 한 하나님의 놀라운 일들은 계속된다. 기도는 참으로 놀라운 역사를 일으킨다. 큰 힘이 있다. 기도의 불씨를 다시 타오르게 하면 교회의 가슴은 다시 뜨거워진다. 뜨거운 교회만이 내일에 희망이 있다.

회고, 회개, 회복하기

에베소 교회는 처음 사랑을 버렸다고 책망을 받았다. 처음 사랑을 회복하지 못하면 촛대를 옮기겠다는 무서운 심판을 받았다. 그렇다면 어떻게 하라고 말씀 하시는 것인가.

"그러므로 어디서 떨어졌는지를 생각하고 회개하여 처음 행위를 가지라 만일 그리하지 아니하고 회개하지 아니하면 내가 네게 가서 네 촛대를 그 자리에서 옮기리라"(계 2:5)

불을 다시 일으키려면 먼저 생각해 보아야 한다. 어디서 무엇을 하다가 식었는지 생각해 보면 답을 찾을 수 있다. 돈 버는 일이 너무 급해서 돈을 벌러 나갔다가 식었는가. 친구들과 어울리는 것이 너무 재미있어서 함께 놀다보니 식었는가. 스포츠, 드라마, 취미생활에 빠져서 즐기다 보니 기도할 시간을 점점 잃어버렸는가. 이모임 저 모임 따라다니다 보니 너무 바빠서 가슴이 식었는가. 하나님이 주신 복이 너무 많아 그것을 즐기다가 복을 주신 하나님을 잊어버리고 살지는 않았는가. 동창회, 계모임에 빠져서 식지는 않았는가. 현대 문명의 이기인 컴퓨터, TV, 핸드폰 등에 빠져서 식진 않았는가. 그 원인을 찾아내려면 깊이 생각해 보아야 한다. 분명 원인은 있다. 그러니 원인이 무엇인지를 찾아낼 때까지 기도하며 또 '회고' 하라.

회고 끝에 찾아냈다면, 이제는 '회개'해야 한다. 회개의 다리를 건너지 않으면 절대로 '회복'될 수 없다. '회복'되지 않으면 하나님께 쓰임을 받을 수 없다. 촛대가 옮겨지고 나서 땅을 치고 후회해봤자 소용이 없다. 촛대가 옮겨가지 않게 하려면 반드시 회복되어야 한다. 그러므로 철저히 '회개'의 다리를 건너야 하는 것이다. 내가 회개하지 아니하면 주님이 찾아오셔서 다 드러내신다. 주님이 다 드러내어 천하에 공개하기 전에 마음을 열고 입을 열어 자신의 죄를 토해 내라. 주님은 다 알고 계신다. 알고 계시는 주님 앞에 시치미 뗄 수 없다. 차라리 빨리 자수하여 광명 찾는 게 낫다. 세리처럼 자기 죄를 찾아내 인정하고 입으로 토해 내야 한다. 하나님께 고백하는 것이다. 기도의 게으름은 죄다. 식은 가슴은 죄다. 무엇을 하다가 이렇게 되었는지

속히 고백하고 인정하라. 스스로 죄를 감추거나 덮을 수는 없다. 주님이 알고 하늘이 알고 땅이 안다. 사는 길은 인정하고 고백하고 그것 때문에 아파하고 울어야 한다. 다윗처럼 침상이 젖도록 눈물을 흘리며 울어야 한다. 울었으면 회개에 합당한 열매를 맺어야 한다. 의지적으로 돌이켜 하나님께로 돌아와야 한다. 배상할 것을 배상하고 화해할 것은 화해해야 한다. 결단하고 방향을 전환할 때, '회복'을 경험하게 된다.

'회복'이 무엇인가? 처음 사랑으로 돌아가는 것이다. 첫 사랑의 뜨거움을 되찾는 것이다. 순수한 복음이신 예수님께로 돌아가는 것이다. 그동안 엉뚱한데서 헤매던 것 다 내려놓고, 오직 한 분만을 구하는 것이다. 회복되면 하나님이 들어 쓰신다. 하나님이 들어 쓰신 사람들을 보라. 한결같이 회복된 사람들뿐이다. 죄 없는 자도 아니었고, 잘난 자도 아니었다. 학벌 좋은 자도, 권력 있는 자도 아니었다. 회복된 사람들만 들어 쓰신다. 예나 지금이나 마찬가지이다. 하나님은 살인자 모세를 미디안 광야에서 회복시켜 들어 쓰셨다. 살인자와 간음한 자인 다윗을 침상에 던져 눈물로 회개하게 한 후, 회복된 다윗을 들어 성군으로 쓰셨다. 바울도 모난 성격과 그릇된 열심으로 많은 사람을 핍박했던 자였지만, 아라비아 광야에서 3년 동안 회복시켜 세계적인 선교사로, 성경 집필자로 들어 쓰셨다. 지금은 회복이 필요한 때다. 몸과 마음뿐 아니라 영적 회복이 필요하다. 하나님은 회복된 당신을 몸과 마음뿐 아니라 들어 쓰실 것이다.

주님이 오시는 날까지 이 불이 꺼지지 않게 하라

주님이 다시 오실 날이 점점 다가오고 있다. 눈앞에 이른 느낌이다. 옛 선진들은 먼 하늘의 이상한 구름만 떠도 "내 주님 다시 오시는가!" 하며 주님의 재림을 손꼽아 기다렸다. 주님의 재림은 성경에 가장 많이 예언된 내용이다. 구약에 1,845회, 신약에서 318회, 예수님이 직접 20여 회 언급하셨다. 예수님의 초림이나 십자가의 부활보다도 더 많이 예언하신 내용이 '재림'이다. 그러니 가장 확실하고 분명한 일, 오늘 태양이 떠오른 것보다도 더 확실한 일이 예수님의 재림이다. 예수님은 직접 제자들에게 말씀하셨다.

"내가 너희를 위하여 거처를 예비하러 가노니 가서 너희를 위하여 거처를 예비하면 내가 다시 와서 너희를 내게로 영접하여 나 있는 곳에 너희도 있게 하리라"(요 14:2-3)

주님은 반드시 다시 오겠다고 약속하셨다. 그 약속한 때가 점점 앞당겨지고 있다. 재림의 징조가 이곳저곳에 나타나고 있다. 벌써 12시 1분전으로 시계바늘을 옮겨 놓은 상황이다. 오실 이가 오시리니 지체하지 아니하리라. 예수님 다시 오심은 불신자들에게는 심판이요, 성도들에게는 부활과 잔치다.

예수님이 오시기 전에 우리는 깨어 근신해야 한다. 자기 자신을 깨끗이 하면서 지켜야 한다. 덕을 세우며 큰 마음으로 살아야 한다. 무엇보다도 뜨거운 가슴의 불이 꺼지지 않게 하고, 더 뜨겁게 타오르도록 해야 한다. 예수님이 오신 후에는 기회가 없다. 내 일생이 끝나면 기회가 지나가고 만다. 주님의 오심이 코앞이고, 내 일생이 끝나는 날도 눈앞에 있으니, 이제 일어나서 남은 인생을 기도의 불로 다시 타오르게 하자.

성령의 불로 활활 타오르게 하자. 그 뜨거운 가슴으로 한 사람이라도 더 건져 내는 것이 최고의 사명이다. 시간이 없다. 기회가 지나가고 있다. 지금이라도 일어나서 불 가운데로 나아가자. 성령의 불꽃 가까이 나아가서 식은 가슴에 불을 붙이자. 뜨거워진 그 때가 교회의 희망이다. 뜨거운 불이 꺼지고 나면 내일의 희망마저 사라진다. 우리 함께 모여 기도의 불쏘시개가 되자. 땔감이 되어 자신을 불사르는데 내주고, 내 조국 내 강산에 성령 불이 활활 타오르게 하자. 그 불이 다시 타오르는 날, 대한민국을 들어 세계 모든 사람들을 구원하리라.

독수리의 수명은 약 40년쯤 된다. 40년 밖에 살 수 없는 것은 먹이를 잡는 발톱이 무뎌지고, 부리가 닳기 때문이다. 깃털마저도 이리저리 찢기고 낡아서 날아다니기 힘들어진다. 이 독수리가 더 살려면 생명을 걸고 모험을 해야 한다. 날개를 펴서 기류를 타고 산 높은 곳 바위틈에 올라가서 부리를 비벼 댄다. 피가 나오고 다 달아 없어질 때까지 부벼대면 새부리가 난다. 새부리가 나면 그 부리로 발톱을 다

뽑아 버린다. 얼마나 아프고 고통스러울까. 그러나 살기 위해서는 그 고통을 감내해야 한다. 다시 발톱이 나는 데까지 많은 시간이 흐른다. 그 시간 동안 옆에서 동료 독수리가 먹을 것을 공급해 준다. 발톱이 나면 낡은 깃털을 뽑아 버린다. 그러면 얼마 후에 깃털이 다시 난다. 그 때 성경이 "네 청춘을 독수리 같이 새롭게 하시는 도다"(시 103:5)라고 하신 말씀이 이루어진다. 독수리가 청춘이 회복되어 40년 더 살 수 있게 되는 것이다.

우리가 계속 하나님께 쓰임을 받으려면 지금의 무뎌진 말투와 습관으로는 안 된다. 벗어 버려야 한다. 불태워야 한다. 성령의 불꽃이 잘못된 옛 말투와 습관을 살라 버리고, 새로운 옷으로 갈아입어야 한다. 성령을 따라 말하고 성령의 역사에 전적으로 순종하면 생애 마지막 순간까지 뜨겁게 타오르리라. 그런 멋진 인생이 되도록 성령의 불꽃이 타오르는 하나님의 말씀과 기도의 자리로 우리 같이 힘써 나아가자.

4부
사명의 비상(飛上)

14
교회는 영적 전투의 최전방에 서 있다

우리나라는 지구상에 남아있는 유일한 분단국가이다. 남과 북으로 나뉜지 벌써 70년에 가까운 세월이 흘렀다. 허리가 동강난 채, 긴 세월이 흐르고 있다. 지금도 휴전선에 철조망을 치고 서로를 경계하고 서 있다. 가끔 최전선의 철조망을 잡고 걷다보면 서글픈 마음이 든다. 왜 같은 핏줄을 나눈 우리는 그렇게 모질게 싸웠던가. 아직도 싸우려고 전투태세를 취하고 있진 않은가. 북쪽 초소가 눈앞에 보이고 새들도 자유롭게 왕래하는 그 곳이 왜 이렇게 먼 곳이 되었는가. 여러 가지 이유가 있지만 강대국의 손아귀에서 놀아난 탓도 있다. 일본 제국주의 압제에서 35년간 억눌린 생활을 했다. 성(姓)도 이름도 다 빼앗겼다. 주권도 국토도 빼앗긴 채 저들의 압제 아래서 심한 고통의 세월을 보냈다. 일본이 세계2차 대전에서 패하면서 독립이 되었으나, 북쪽은 소련군이, 남쪽은 미국이 통치하며 삼팔선이 그어지고 말았다. 결국은 지금까지도 남북으로 나눠진 허리의 빗장을 풀지 못하고 있다. 북쪽에서 살다가 남쪽으로 피난 온 한 가족은 아버지와 자녀 한 명은 남쪽에, 어머니와 남은 자녀는 북쪽에 살게 되었다. 어느 날 남쪽에 있는 아들과 북쪽에 있는 아들이 휴전선에서 총을 겨누고 있는 게 아닌가. 이런 비극이 연출되는 나라가 세상에 또 어디에 있을까. 참으로 우리는 한 맺힌 아픔을 안고 사는 민족이다. 지금도 최전방에는 가끔씩 총성이 들린다. 서로 공격하다가 죽는 장병도 있다. 최전방에 사는 사람들은 불안한 마음을 끌어안고 산다. 영적 전투는 이보다 더 심각하다. 더 크고 엄청난 전쟁이다. 영원을 걸고 싸워야 하는 전쟁이요, 반드시 이겨야 하는 전쟁이다. 그렇지 않으면 만회할 기회가 없기 때문이다.

사탄과의 영적 전쟁

사탄은 원래 천사장 루시퍼였다. 그는 하나님께 도전했다가 하늘에서 추방 당했다. 자기의 자리를 창조주 하나님의 자리까지 끌어 올리려 했다가 결국은 쫓겨나고 만 것이다. 그때 자기에게 속한 수많은 스랍(천사)들을 데리고 쫓겨났다. 반역자의 집단이 쫓겨나서 공중에 진을 쳤다. 이들이 하는 일은 이 땅에 사는 사람들을 넘어뜨리고 미혹하는 일이다. 자기가 옛날에 하나님께 했던 짓을 하도록 아담과 하와를 유혹했다. 지금도 그 짓을 계속하고 있다. 많은 사람들이 이 유혹의 덫에 걸려 넘어져 있다. 끊임없이 하나님의 자리에 올라가라고 꼬드긴다. 그 결과 많은 사람들이 하나님에 자리에 서는 죄를 범하게 되었다. 사탄과 그의 졸개들은 사람들로 하여금 죄를 짓게 만든다. 죄를 매력적으로 보이게 한다. 자기도 빛의 천사로 가장하여 나타난다. 이 유혹에 걸려들게 하여 자기 손바닥에서 놀아나게 한다. 한 번 걸려들면 잘 빠져 나오기 힘들다. 40일 금식 기도를 마치신 예수님께도 찾아와서 유혹했다. 돌이 떡이 되게 하라는 유혹이다. 배고플 때 찾아와 견디기 힘든 유혹을 한 것이다. 성전 꼭대기에서 뛰어내려 보라, 그러면 천사들이 받아 줄 것이라고 했다. 인기에 대한 유혹이다. 성전 꼭대기에서 뛰어내려도 천사가 붙들어 살게 해보라고 했다. 인기가 하늘 치솟듯 오르지 않겠느냐라는 유혹이다. 또한 자기에게 한 번 절하면 천하만국을 다 주겠다는 유혹이다. 그 모든 유혹을 신명기와 시편에 나오는 말씀으로 물리치셨다. 사탄은 참으로 간교한 유혹자이다. 그 유혹에 속아 넘어가기 쉽다.

올림픽 주경기장에서 "더 프라미스"(The Promise)라는 제목의 오페라가 공연된 적이 있다. 예수님 생애를 중심으로 그의 제자들과 주변 사람들 그리고 십자가에 이르기까지 대형 무대에서 박진감 있게 진행되었다. 유심히 보니, 그 무대에 처음부터 끝까지 사라진 적이 없는 존재가 있었다. 그 존재가 바로 사탄이었다. 사탄은 무대를 종횡무진 휘젓고 다니면서 사람들을 유혹했다. 그 유혹에 가룟유다가 넘어가고 말았다. 은 30에 자기의 스승을 팔아 넘겼다. 속은 줄 깨닫고 후회했지만 때는 늦었다. 결국 가룟유다는 견디기 힘든 마음의 충격을 어찌할 수 없어 자살을 하고 만다. 사탄에게 틈을 주면 속는다. 결국은 패망의 길로 끌려가고 만다. 요즈음 처세술에 대한 책들이 인기가 있다. 처세술을 그럴듯하게 포장해 놓으니, 마치 성공 속에 무엇이 있는 것처럼 보인다. 실용주의와 성공주의라는 가면을 쓰고 나타난 것이다. 역시 그 곳에도 함정이 있다. 사탄의 전략이 있다. 많은 사람들이 그 전략에 속아 자기 기념비를 세운다. 바벨탑을 쌓아 자기 이름을 내고, 그것을 통해 보호받으려 한다.

사탄은 모세 때, 바로에게 적절한 타협안을 제시하기도 했다. 하나님께 예배하러 가야 한다고 제안하자, 파리재앙에 다급해진 바로는 첫 번째 타협안을 제시한다.

"너희는 가서 이 땅에서 너희 하나님께 제사를 드리라"(출 8:25)

하나님도 섬기고 세상도 섬기라는 제안이다. 얼마나 그럴듯한가. "한 발은 세상에, 한 발은 하나님께 두고 살아라. 하나님도 좋고 너도 좋은 일 아닌가."라는 것이다. 그러나 그 타협에 속지 말아야한다. 단호하게 물리쳐야 죄의 쇠사슬에서 벗어날 수 있다. 노예의 삶에서 벗어날 수 있다. 오직 하나님만 경배하고 그만을 섬겨야 한다. 하나님과 재물을 겸하여 섬길 수 없는 것이다.

두 번째 타협안은 "광야에서 제사를 드릴 것이나 너무 멀리 가지는 말라"(출 8:28)는 것이다. 무슨 말인가! 형식적인 신앙생활에 머물러 있으라는 제안이다. 종교생활을 하기는 하지만 너무 깊게는 들어가지 말라, 종교적인 행위를 다하기는 해라, 세례도 받고 직분도 받아라, 그러나 복음의 감격 속에는 빠져들지 말라는 유혹이다. 성경은 무엇이라 말하고 있는가? "하나님의 자녀의 영광의 자유를 누리라. 오직 복음 안에서 깊이 들어가 하나님이 주시는 자유와 기쁨을 마음껏 누리며 살라."고 말씀한다.

세 번째 타협안은 "너희 장정만 가서 여호와를 섬기라"(출 10:11) 무슨 말인가! 마음의 끝이 될 만한 것들은 남기고 가라. 볼모 잡힐 만한 것들은 두고 가라는 제안이다. 결국은 가더라도 다시 돌아오게 하려는 전략이다. 처와 자식을 두고 가면 얼마나 가겠는가. 인정의 끈에 매여 다시 돌아오게 하려는 전략이다. 주님은 말씀하신다.

"예수께서 이르시되 손에 쟁기를 잡고 뒤를 돌아보는 자는 하나님의 나라에 합당하지 아니하리라"(눅 9:62)

네 번째 타협안은 "너희는 가서 여호와를 섬기되 너희 양과 소는 머물러 두고 너희 어린 것들은 너희와 함께 갈지니라"(출10:24)이다. 이 유혹은 예배하기는 하지만, 하나님이 받으실 수 없는 예배를 하라는 제안이다. 희생제물 없는 예배, 어린양 되신 예수님이 없는 예배,

몸은 가지만 마음은 가지 말아라. 그러나 하나님은 영과 진리로 예배하는 자를 찾으신다. 어린양 되신 화목 제물 되신 예수 그리스도가 있는 예배여야 받으신다. 분명한 것은 사탄의 타협안을 물리칠 수 있는 분별력과 힘이 필요하다. 사탄은 거짓말쟁이다. 처음부터 사탄은 속이는 자였다. 속여서 생명을 낚아채 간다. 지금도 거짓말로 속이는 사람들 속에는 사탄의 계략이 들어있다. 진짜보다 가짜, '짜가'가 판치는 세상 아닌가. '여기도 짜가, 저기도 짜가, 짜가가 판친다'는 유행가 가사에서도 실상이 드러난다. 짝퉁이 진품보다 더 진짜같이 보인다. 여기에 함정이 있다. 얼마나 많은 짝퉁들이 세상에 버젓이 돌아다니고 있는가? 아예 짝퉁 시장마저 생겨났다. 가짜인줄 알면서도 산다. 값이 싸고 진품과 비슷해 보이니까.

사탄과 그의 졸개들은 위장에 능하다. 언제든지 변신을 하고 나타난다. 또한 사탄과 그의 졸개들은 파괴자이다. 물에 집어 던지고, 불 속에도 집어 던지기도 한다. 술과 마약 속에 집어넣어 사람들을 죽이는 것을 눈 하나 깜빡하지 않고 해치운다. 그러고도 시치미를 뚝 떼고 있다. 온 세상은 사탄의 손아귀 아래서 파괴를 자행하고 있다. 끔찍한 테러를 일삼는다. 자폭 테러로 자기와 많은 사람들을 숨지게 한다. 잔인하게, 아주 잔인하게 쓸어간다. 성경은 분명 우리가 싸워야 할 대상이 무엇인가에 대해 말씀하고 있다.

"우리의 씨름은 혈과 육을 상대하는 것이 아니요 통치자들과 권세들과 이 어둠의 세상 주관자들과 하늘에 있는 악의 영들을 상대함이라"
(엡 6:12)

지금도 우리 대적 마귀는 우는 사자와 같이 삼킬 자를 두루 다니며 찾고 있다. 굶주린 사자는 무섭다. 먹잇감을 놓치지 않으려고 집중한다. 지금도 교회는 영적 최전방에서 힘든 싸움을 하고 있다.

우리는 승리의 비결을 알고 있다

아멜렉과 이스라엘의 전투는 기도에 따라 승패가 달라졌다. 모세의 팔이 올라가면 이기고, 내려가면 졌다. 모세의 팔을 올린 것은 기도의 팔을 올린 것이다. 피곤하여 잠시라도 기도의 팔을 내리면 여지없이 패하고 마는 것이다. 그래서 아론과 훌이 모세의 손이 내려오지 않도록 붙들고 있었다. 모세가 기도하는 동안 여호수아가 나가 전투를 승리로 이끌었다. 모세가 기도하는 동안 하나님이 대신 싸워 주신 것이다. 그래서 이스라엘이 승리했다. 이 승리는 곧 기도의 승리요 하나님의 승리다. 우리가 기도하는 동안은 하나님이 일하시고 싸우신다.

말씀의 검으로 사탄과 그 졸개들을 물리칠 수 있다. 하나님의 전신 갑주를 입고 싸울 때 사탄의 불화살을 막아 낼 수 있다. 말씀의 검으로 사탄의 급소를 찔러라. 그러면 사탄의 세력은 도망가고 말 것이다. 공동체의 대열에서 흩어지지 마라. 그래야 사탄의 먹잇감이 되지 않는다. 교회 공동체의 대열에서 흩어져서 이리저리 기웃거리거나 혼자 이상한데 가서 성경공부 하지 말라. 공동체의 대열에서 이탈된 자들은 사탄의 시야에 노출되어 있다. 곧 사탄의 먹잇감이 되리라. 살고 싶으면 공동체 깊숙이 들어와 함께 하라. 독불장군식 신앙으로는 곤란하다. 더불어 함께하는 예수 그리스도의 몸인 교회 공동체 속에 거하면 사탄도 어쩔 수 없다. 우리가 승리를 확신하고 장담하는 것은 승리자의 대열에 서 있기 때문이다. 세상에 승리자는 오직 한 분뿐이시다. 죄를 이기고 죽음을 이기신 분은 예수 그리스도 이외에 아무도 없다. 예수님을 믿는 것은 그분을 내 안에 영접한 것이요. 그 분을 영접한 것은 그 분께 속했다는 것이다. 사람이 어느 편에 섰느냐에 따라서 승패가 가려진다. 운명이 결정된다.

2002년 월드컵 때 일이다. 그 때가 안식년이라 선교지를 순방 중이었다. 초반부에는 미국에서 교회를 탐방하고 후반부에는 아프리카 여러 나라를 선교하게 되었다. 월드컵 중계 실황을 해외에서 보았다. 미국 샌프란시스코와 로스앤젤레스 그리고 캐나다의 벤쿠버에서 보았다. 멕시코의 센퀄던에서는 소식만 들었다. 그리고 프랑스 파리에서 카메룬의 수도인 야운데로 이동하는 중에 4강 진출 소식을 들었다. 그런데 공항에 수많은 인파가 몰려나와 있었다. 혹여 왕이나 귀빈과 같은 비행기를 타고 왔는지 살펴봤지만 그런 것 같지는 않았다. 알고 보니 우리를 환영하러 나온 인파였다. 들어 보니 코리아가 축구를 잘해서 '따봉'이라는 것이다. 저들은 축구를 잘해야 선진국으로 여긴다. 우리는 그곳의 동네 축구팀과 경기를 하게 되었다. 두 번 경기를 하였지만 두 번 다 우리가 지고 말았다. 저들은 다리가 길고 매일 축구를 한다. 기술도 다양하다. 결국 2대 0, 5대 0으로 지고 만 것이다. 그래도 상관없었다. 여전히 우리를 이긴 자로 간주해 주고 있으니 말이다. 그때 깨달은 것이 있다. 우리가 대한민국에 속한 이유만으로 승리자의 대접을 톡톡히 받는다는 것이었다. 그렇다. 대한민국에 속한 22명의 선수가 이겼다. 하지만 그 승리는 대한민국의 승리요, 동시에 나의 승리였다.

십자가 위에서 "다 이루었다"(요 19:30)고 승리를 선포하신 예수님의 승리는 믿는 자의 승리다. 진정 예수님을 나의 구주, 나의 주님으로 믿는 자는 영원한 승리자이다. 지금은 조금 부족한 점이 있고 아직도 죄성과 허물투성이 일지라도 걱정할 이유가 없다. 예수 그리스도는 영원한 승리자이시다. 그 분은 이기셨다. 죄도 이기고 죽음도 이겼다. 그 분을 따르는 나도 반드시 이긴다. 이긴 게임이다. 걱정할 필요 없다. 사탄과 그의 졸개들인 귀신은 우리의 적수가 될 수 없다. 영원한 승리를 주신 하나님께 감사하다.

15
온 세상을 가슴에 품고

 성령이 임하시기 전에는 누구나 자기중심적이다. 무엇을 하든지 그 중심에 자기가 있다. 자기 자신을 위한 꿈과 계획이 있고, 그것을 이루기 위해 산다. 겉으로 드러나는 현상은 좋은 일로, 때로는 나쁜 일로도 보일 수 있다. 그러나 그 일을 왜 하는가를 살펴보면 결국 자기를 위한 일이다. 공부를 하는 것도, 직장에 가는 것도, 출세를 하는 것도 결국 자기 자신이 잘 되기 위해서다.

 선한 일을 하고 많은 돈을 기부하며 선심을 쓰는 것도 자기의 범주를 넘어설 수 없다. 애국을 하고 박애주의 정신으로 봉사하며 사는 것도 결국은 자기 자신을 위한 일로 귀착된다. 죄인으로 탄생된 인간의 한계이다. 죄는 결국 이기주의, 개인주의 벽 속에서 갇히게 한다.

벽을 넘어설 수 있는 힘이 우리에게는 없다. 세상 돌아가는 일을 보라. 많은 사람들이 이런 말 저런 말을 쏟아 내지만 결국은 누구를 위한 말인가. 국민을 위하여, 장애인을 위하여, 인류를 위하여 무엇인가를 한다고 소리치지만 위선일 뿐이다. 선으로 포장된 단체의 배후에 감추어진 비리를 보라. 이런 비리가 어디에는 없겠는가. 경제적인 여유가 생길수록 개인주의는 더욱 심화되고 있다. 형제끼리도 자기 이권에 대해서는 조금도 양보하지 못한다. 결국 같이 망하더라도 끝까지 간다. 교회를 다녀도 이기주의의 끈은 계속 따라 다닌다. 믿음까지도 자기 축복을 위한 수단으로 여긴다. 자기 축복에 도움이 되지 아니하면 언제든지 버릴 수 있다. 수많은 사람들이 교회에 왔지만 그만큼 세상으로 돌아간다.

예수님 당시에도 오병이어를 통하여 배고픈 것을 해결해 주었을 때는 2만 명이상 모여 들었지만 좀 어려운 말씀, 즉 십자가 사건을 통해 자기 자신의 몸을 내어줌으로 영생을 얻는 말씀을 전할 때는 모두 떠나 버리고 말았다. 열두 명의 제자들만 남았다. 그때 예수님이 제자들에게 묻는다.

"너희도 가려느냐?"(요 6:67) 절박한 질문이었다. 하지만 그 당시 사람들만 그랬겠는가?

지금도 믿음이 자기에게 손해가 되거나, 이로인해 어려움이 발생한다면 교회 속의 거품들이 많이 사라질 것이다. 이것이 오늘날 우리 인간의 한계이다. 죄인들이 이기주의의 벽을 넘어 서려면 하나님이 오서야 한다.

성령이 임하시면

성령이 임하시면 이기주의의 한계를 뛰어 넘는다.

> "오직 성령이 너희에게 임하시면 너희가 권능을 받고 예루살렘과 온 유대와 사마리아와 땅 끝까지 이르러 내 증인이 되리라 하시니라"(행 1:8)

성령의 권능은 자기의 한계를 뛰어 넘게 한다. 민족의 벽도 뛰어 넘게 한다. 세계를 가슴에 품고 달리게 한다. 관심과 사랑이 나를 넘어 너에게로 향하게 된다. 자신의 이기주의적 욕망에 매달려 구차하게 살지 않는다. 가장 소중한 선물인 영생을 얻은 자답게 당당하게 자신을 넘어 설 수 있다. 자신의 모든 문제가 해결 된 것을 안다. 죄에 대한 문제도 해결되고 죽음의 문제도 해결되었다. 복음 안에 생명이 있음을 안다. 그 생명이 자기 안에도 있다. 그 생명을 나눠주는 것이 최고의 선이다. 그 일에 자기의 일생을 건다. 자기의 생명을 건다. 그때 온 세계를 가슴에 품고 5대양 6대주를 사역의 무대로 삼고 복음 전파를 위해 자신을 내어 놓을 수 있다. 성령은 이기주의를 극복하게 하시는 능력이다. 사람의 약함을 넘어서게 하시는 하나님이시다. 그러기에 성령이 오시기 전에는 예루살렘을 떠나지 말고 기다리라고 부탁하셨다. 성령이 임하시지 않으면 아무 일도 할 수 없다. 성령이 오셔야 말씀을 깨닫게 된다. 성령이 임해야 권능을 받게 된다. 그 권능은 온 세상을 흔들어 놓을 수 있는 권능이다. 나는 비록 약하나 성령의 권능은 강하다. 그 능력으로는 능치 못할 일이 없다.

예수님의 제자들도 성령의 능력을 힘입은 후에 변화되었다. 나약하고 이기주의를 극복하지 못하던 저들이 그 한계를 넘어섰다. 자기 생명 때문에 벌벌 떨던 제자들이 목숨을 걸고 국경을 넘었다. 복음을 위해서라면 자기 생명까지도 아끼지 않았다. 거친 들이나 사막이라도 뛰어 넘었다. 험산 준령도 넘어섰다. 배고픔과 맹수의 위험도 넘었다. 성령에 이끌려 담대하게 살았다. 여러 나라에 흩어져서 복음을 전하다가 결국은 순교 당한 이들도 있다. 그 순교의 피 위에 복음은 날개를 달고 전 세계를 향하여 뻗어 나갔다. 그 복음의 파도가 우리 나라에까지 이르렀다. 이 땅에도 수많은 선교사들의 피가 뿌려졌다. 그 피 위에 대한민국의 교회가 세워졌다. 우리 교회 안에는 성령이 함께 하셔서 놀라운 부흥을 주셨다. 그 부흥의 불길을 타고 이제는 한국 교회가 5대양 6대주에 2만여 명의 선교사를 파송하게 되었다.

사도행전의 역사가 지금도 계속 되고 있다

사도행전은 엄밀히 말하면 성령행전이다. 성령께서 사도들을 이끌고 가시면서 이루신 성령의 사역이다. 사도행전은 28장에서 멈추지 않았다. 아직도 열려있는 유일한 성경이 사도행전이다. 28장 이후는 교회사를 통해 계속되고 있다. 지금도 사도행전의 역사는 계속 이어지고 있다.

사도행전의 시작 무렵, 성령께서는 베드로를 들어 쓰셨다. 그는 성령을 증거했다. 성령의 증거를 통해 예수 그리스도의 십자가와 부활을 증거했다. 복음의 핵심을 전할 때, 많은 사람이 "이제 우리가 어찌할꼬"하며 회개하기 시작했다. 회개한 후 그들은 성령을 선물로 받았는데, 세례를 받은 자가 삼천 명이나 더하게 되었다. 참으로 놀라운 일들이 일어났다. 성령이 임하니 사람들이 달라졌다. 사도들의 가르침을 받아 서로 교제하기 시작했다. 떡을 떼며 오로지 기도하기 힘썼다. 그때 사도들로 말미암아 기사와 표적이 많이 나타났다. 비로소 물건을 통용하고 재산과 소유도 팔아 각 사람의 필요에 따라 나누어 주기도 했다. 베드로와 요한은 나면서부터 걷지 못하게 된 이를 잡아 일으켜 세우며 걷게 하고 뛰게도 했다. 공회 앞에서도 담대하게 말했다. 때로는 큰 기적을 행하고 능욕을 받기도 했다. 능욕 앞에서도 굴하지 않고 예수 그리스도를 담대히 증거했다. 채찍에 맞기도 하였지만 오히려 기뻐했다. 그 누구도 저들의 가는 길을 막을 수 없었다. 스데반 집사는 복음을 전하고 순교를 당했다. 그곳에 사울이라는 청년이 있었다. 그것이 그가 회심하는 계기가 되었다. 사울은 다메섹으로 예수님을 믿는 사람들을 핍박하러 가다가 예수님을 만났다. 주님이 나타나셔서 "사울아, 사울아, 네가 어찌하여 나를 박해하느냐? 나는 네가 박해하는 예수니라"(행 9:4-5)라고 말씀하셨다.

예수님을 만난 사울은 회개한 뒤, 사울보다는 바울이라는 이름으로 불리는 것을 좋아했다. 사울은 '큰 자'라는 의미요 바울은 '작은 자'라는 의미이기 때문이다. 이후 하나님께서는 바울과 바나바를 세워 세계 선교의 문을 여셨다. 복음이 예루살렘의성을 넘어섰다. 온 유대의 벽도 넘었다. 야고보는 순교 당하고, 베드로는 투옥 당했다. 예루살렘 교회 성도들의 기도를 들으시고 하나님은 천사를 보내어 베드로를 옥에서 끄집어내셨다. 바울에 의해 제1, 2, 3차 세계 전도여행이 이루어진다. 로마까지 가서 전도하는 길이 열렸다. 바울이 가는 길에 성령께서 늘 함께 하셨다. 그의 가는 길에 수없이 많은 장애물이 도사리고 있었지만, 그는 그 장애물을 넘어섰다. 거침없이 성령에 이끌려 갔다. 산의 위험과 강의 위험, 맹수의 위험도 넘었다. 원수의 위험, 동족의 위험도 있었다. 선교의 갈등을 겪기도 했다. 바나바와 견해차이로 갈라서기도 했다. 결국 선교팀이 하나 더 늘게 된 셈이다. 이 선교의 행렬에 실라와 디모데가 합류한다. 아시아로 가려던 계획을 성령께서 마게도냐로 바꾸어 주셨다. 성령에 이끌려 계속 복음을 들고 나갔으며 각 지역에 맞는 말로 복음의 핵심을 증거 했다. 그러할 때 어떤 이들은 믿었고, 또 어떤 이들은 조롱하고 핍박하기도 했다. 성령에 이끌려 가는 길에 벨릭스 총독과 아그립바 왕 앞에서도 복음을 증거 할 수 있는 기회를 갖게 되었으며, 성령께서는 그렇게도 소원했던 로마까지 인도해 주셨다.

바울을 들어 쓰셨던 성령님은 지금도 세계 이곳저곳에 흩어진 무리 중에 그의 일꾼을 찾아내어 들어 쓰시고 있다. 성령님이 들어 쓰시는 사람들의 역사가 전 세계에 퍼져갔다. 성령의 파도를 타고 복음은 유럽 땅으로 먼저 들어갔다. 로마는 기독교를 국교로 선포했고, 로마에서 독일, 영국, 유럽 전역으로 복음의 파장이 뻗어간 것이다. 온 유럽을 복음으로 물들인 후 태평양을 건너 미국에까지 퍼져갔다. 미국의 각 주마다 성령의 권능이 뜨겁게 나타나기 시작했다.

그 불이 남미와 아프리카, 아시아에도 옮겨 붙기 시작했다. 특별히 대한민국에 성령의 불이 강하게 일기 시작했다. 1907년 평양에서는 대부흥운동이 일어났다. 일제 36년과 6.25 전쟁으로 초토화된 땅 위에 성령의 위로가 함께 했다. 처절한 삶의 한계 속에서 복음이신 예수님께로 돌아오는 사람들이 줄을 이었다. 130년에 가까운 선교의 역사 속에 하나님은 놀라운 부흥을 주셨다. 신앙의 부흥은 경제부흥을 동반하여 '20-50클럽(1인당 국민소득 2만 불과 인구 5,000만 명을 동시에 달성한 나라-편집자 주)'에 가입한 일곱 번째 나라가 되었다. 개도국에서 선진국으로 진입한 나라는 전 세계에서 대한민국뿐이다. 지금은 미국 다음으로 선교를 많이 하는 선교 대국이 되었다.

우리나라 선교 규모는 세계에서 두 번째이다. 몇 년 후에는 미국을 넘어설 전망이다. '선교 대국', 참 기쁜 말이다. 하나님이 기뻐하시는 일을 열심히 하고 있다는 증거이니 말이다. 2만 명이 넘는 선교사들이 세계 170여 개국에 파송되었다. 세계 곳곳에 대한민국 사람들이 흩어져 산다. 그리고 200여 나라 사람들이 대한민국에 산다. 참으로 작은 나라, 전쟁으로 폐허된 세계 최빈국을 하나님이 일으켜 세우셨다. 대한민국 사람이 가는 곳마다 교회도 간다. 디아스포라가 700만 명이 넘어섰다. 이 시대에 왜 대한민국 사람을 세계로 흩으셨는가. 그것은 전적인 성령의 역사다. 성령께서 대한민국 사람들을 쓰시기 위해 준비하셨다. 지금은 서양 선교사들은 싫어하는 경향이 세계 각국에 한류 열풍이 일고 있어 세계 어딜 가든 대한민국 사람을 좋아한다. 특히 식민지 지배 아래 있던 나라들은 자기들과 비슷한 처지에 있었던 대한민국을 좋아한다. 이미 한류 열풍이 세계를 휩쓸고 있다. '대장금'이 아프리카에서 인기를 끌고 있다. '겨울연가'는 일본 열도를 뒤집어 놓았다. 동남아시아 어느 나라를 가보아도 그 나라 국민들은 한국 드라마에 심취되어 있다. K-POP은 예술의 본고장 프랑스 파리까지 강타하며 세계 시장을 누비고 있다. 삼성, LG, 현대 등은 세계적인 기업으로 우뚝 섰고, 정치인들의 여러 아쉬운 모습에도 불구하고 국가가 계속 성장하고 있으니 이 불길을 누가 잠재울 수 있으랴. 성령이 하시는 일은 사람이 막을 수 없다. 막으려고 할수록 자기만 다치게 된다. 지금 성령은 대한민국 교회로 하여금 사도행전의 후반부를 계속 쓰게 하신다. 전 세계에 흩어진 선교사들의 사역 보고를 들어보라. 지금도 성령은 초대교회 때와 변함없이 역사하고 계신다. 불 꺼진 나라들은 무너지고 있지만 불 켜진 나라들은 일어나고 있다. 지금 무너지는 유럽의 나라들을 보라. 일찍이 복음의 은혜를 맛보았지만 그 은혜에서 멀어지고 있는 나라들이다. 교회를 향한 열정이 식어

버렸다. 성령의 불이 꺼지면 역사의 막도 내려진다. 계속하여 사도행전의 역사가 우리를 통해서 이어지게 하자.

십자군 정신이 아니라 십자가 정신으로

십자군 정신의 서양식 선교는 여러 곳에서 실패하고 말았다. 오히려 복음의 문을 굳게 닫아 버렸다. 십자군 정신은 많은 사람들에게 굴욕감을 안겨주었다. 적대 감정을 품게 했다. 다행히 우리나라에 온 선교사들은 십자군 정신이 아닌 십자가 정신으로 무장된 사람들이라 감사하다. 십자군 정신은 상대방을 힘으로 제압하여 선교하려는 것이지만, 십자가 정신은 나를 기꺼이 내주고 너를 살리겠다는 정신이다. 곧 순교정신이다. 선교는 곧 순교다. 자기희생 없이는 선교를 할 수 없다. 엄청난 자기희생을 통하여 하나님 나라가 이 땅에 확장되어 나간다. 복음은 피를 먹고 자라난다. 순교의 피가 흘려진 곳마다 복음이 꽃피고 열매를 맺었다. 순교의 피를 많이 흘린 로마에 기독교 국가로 공포하는 일이 일어났다. 기독교 역사의 중심지에 세워진 열매이다.

한국에도 순교의 피를 흘린 지역의 복음화율은 상대적으로 높다. 대표적으로 문준경 전도사님이 순교하신 전남 신안군이 복음화율이 그렇다. 순교지인 중도에 사는 사람들은 90% 넘게 예수님을 믿는다. 인근의 1,004개의 섬 중에 사람이 사는 섬마다 많은 사람들이 복음을 믿게 되었다. 한국의 걸출한 인물들이 그곳에서 문준경 전도사님의 영향을 받아 배출 되었다. C.C.C.의 김준곤 총재, 이만신 목사, 정태기 교수, 신복윤 목사를 비롯한 수많은 목회자와 정치가들이 그러하다. 손양원 목사님 순교지인 여천 지역에는 400여 개의 장로교가 세워졌다. 누가 어디서 어떻게 죽었느냐에 따라서 나타나는 열매가 다르다. 선교는 순교자 정신으로만이 가능한 성령의 방법이다. 순교는 맨 정신으로는 어렵다. 성령님께 사로잡힐 때에만 가능하다. 성령님께 사로잡히면 두려울 것이 없다. 원수의 총칼이 두렵지 않고 죽음도 두렵지 않다. 성령님께서 두려움을 제거해 주시고 감당할 수 있는 힘을 더하여 주시기 때문이다.

성령 충만이 해답이다

우리는 솔직히 갈 바를 알지 못한다. 그러나 성령님은 아신다.

> "이와 같이 성령도 우리의 연약함을 도우시나니 우리는 마땅히 기도할 바를 알지 못하나 오직 성령이 말할 수 없는 탄식으로 우리를 위하여 친히 간구하시느니라 마음을 살피시는 이가 성령의 생각을 아시나니 이는 성령이 하나님의 뜻대로 성도를 위하여 간구하심이니라"
> (롬 8:26-27)

온 세상을 가슴에 품을 수 있게 하신 이가 성령님이시다. 성령님께서 그 비전을 주셨다면 성령님께서 이끌어 가신다. 우리는 다만 성령님께 순종하면 된다. 성령 충만하면 어려울 것이 없다.

크고 작은 일들을 그 분이 처리 하시기에 나에게 문제될 것은 별로 없다. 성령 충만이 선교의 비결이다. 성령의 기름이 떨어지지 않도록 언제나 간구하며 부름 받아야 승리하는 성령 행전이 계속 될 수 있다. 성령 충만히면 기쁨이 넘친다. 몸에 가시기 있어도 기뻐하고 그리스도를 위하여 약한 것과 능욕과 궁핍과 박해와 곤고함에 처해도 마냥 기쁘다. 자기가 약할 때가 곧 강할 때이기 때문이다. 자기가 약하고 점점 작아지면 성령의 능력은 그와 반비례하여 더 강하게 나타난다. 그러기에 어떤 때든지 항상 기뻐할 수 있는 것은 성령의 충만으로 인함이다.

변함없는 사랑도 성령 충만으로 가능하다. 성령 충만하면 상대방의 태도나 반응에 상관없이 하나님의 사랑이 흐른다. 내 사랑이 아닌 하나님의 사랑으로 사랑하게 된다. 그 사랑이 민족의 벽을 뛰어 넘고 국경을 넘어선다. 과거의 아픔과 고통을 뛰어 넘어 사랑할 수 있게 된다. 원수처럼 여기던 나라도, 자기를 힘들게 했던 사람도 조건 없이 사랑하게 된다. 이 사랑이 하나님의 '아가페 사랑'이다.

성령 충만해야 그 힘으로 문화와 환경이 다른 열악한 땅에서도 변함없이 충성을 다할 수 있다. 성령 충만 할 때는 자기 앞에 놓인 위험을 감지하여도 묵묵히 그 길을 간다. 사도바울이 성령에 매여 예루살렘으로 가는 길에는 결박과 환난이 기다리고 있었다. 그러나 그는 이렇게 결단한다.

> "내가 달려갈 길과 주 예수께 받은 사명 곧 하나님의 은혜의 복음을 증언하는 일을 마치려 함에는 나의 생명조차 조금도 귀한 것으로 여기지 아니하노라"(행 20:24)

성령 충만한 사람의 앞길은 그 누구도 막을 수 없다. 성령 충만해야 감사가 가득한 사역이 된다. 선교를 하든, 목회를 하든 그 동기가 감사로 시작하여 감사로 끝난다. 더 할 말이 없다. 다만, "하나님이 주신 은혜를 무엇으로 보답할꼬?"라고 질문할 뿐이다. 감사해서 시작한 것이다. 모든 일이 감사뿐이다. 이 마음과 고백이 계속되려면 '성령 충만'한 삶뿐이다. 내 힘으로는 힘들다. 한계가 있다. 결국은 좋지 못한 결말에 이를 수도 있다. 그러니 오직 감사, 끝까지 감사해야 한다. 하나님은 기쁨과 감사로 선교하는 당신을 좋아하신다.

16
한국 교회여, 서로 연합하라

　미국이 회개해야 할 뿌리 깊은 죄악이 '인종차별'인 것처럼, 우리나라의 뿌리 깊은 죄악은 '당파싸움'이다. 당파싸움은 하루 아침에 생겨난 일이 아니다. 역사를 거슬러 삼국시대 이전부터 뿌리잡고 있던 고질적인 죄이다. 마한, 진한, 변한. 신라, 백제, 고구려로 이어지면서 같은 민족끼리 계속 싸웠다. 그 싸움은 거기서 끝나지 않고 이조의 노론, 소론, 동인, 서인으로 나뉘어 싸우더니, 대한민국이 시작되면서도 남쪽과 북쪽으로 나뉘어져 원수처럼 싸우고 있다. 남쪽만 보더라도 또 분파가 많다. 신파, 구파, 좌파, 우파, 경상도, 전라도, 충청도, 경기도 등. 언제까지 좁은 땅에 금을 그어 놓고 싸우고만 있을 것인가? 아무리 생각해도 가슴을 치며 통탄할 일이다. 세상은 그렇다

치더라도 교회는 어떠한가? 교회도 예외는 아니다. 교파가 생긴 일이야 어찌할 수 없는 일이라 하더라도 교회는 하나 밖에 없지 않은가. 그리스도의 몸인 교회를 서로 찢으며 피를 흘리는 아픔이 우리에게 남아있다. 한국 교회는 연합해야 소망이 있다. 연합하지 못하고 계속 감투나 이권 때문에 분파적인 행동을 한다면 내일의 소망이 없다. 분열된 틈새를 메워 하나가 되어야 주어진 사명을 잘 감당할 수 있을 것이다.

아르헨티나의 칼라파테 마을은 나무에서 마을의 이름이 생겨났다. 그 의미는 '갈라져 있는 곳을 역청으로 발라 메워준다'는 의미다. 오래전에 포르투칼의 항해 탐험가 마젤란의 배가 이곳에 도착하였을 때 갈라진 틈새를 이 나무진으로 메우고 항해를 계속할 수 있었다고 한다.

그 작은 마을에도 의지의 한국인이 살고 있다. 그는 'LINDA VISTA'라는 펜션을 운영하는데 그 지역 70여개의 펜션 중 단연 최고로 깨끗하고 친절한 곳으로 알려져 있다. LINDA VISTA는 '아름다운 풍경'이란 뜻이다. 그 숙소에서 서로의 갈라진 틈을 채우고 나면 모든 것이 아름답게 보이기 때문이리라. 성도는 분열된 틈새를 메워주는 역청의 역할을 해야 한다. 누가 동서남북으로 갈라진 대한민국을 하나로 연결할 수 있을까. 성도들과 교회만이 할 수 있는 일이다.

"그는 우리의 화평이신지라 둘로 하나를 만드사 원수 된 것 곧 중간

에 막힌 담을 자기 육체로 허시고"(엡 2:14)

담을 허물고 하나 되게 하기 위해 이 땅에 오신 분이 예수 그리스도이시다. 그 분을 따라가는 제자들도 그와 같은 역할을 하며 살아야 한다.

교회는 그리스도 안에서 하나 된 몸

교회를 가장 잘 표현해준 단어가 '그리스도의 몸'이다. 머리는 그리스도요, 교회는 몸, 성도는 지체이다. 이렇게 연결되어 있는 것을 '유기체'라고 한다. 유기체는 분리되면 무섭다. 의미가 없어지기 때문이다. 마치 죽은 것과 같다.

1980년도 봄의 일이었다. 섬기던 교회의 고3 학생이 아버지에게 꾸지람을 듣고 결심한다는 의미로 새끼손가락을 도마에 놓고 잘랐다. 야단이 났다. 전도사 시절인데 급히 뛰어가 보니 도마 위에 하얀 손가락 한 마디가 놓여 있는 게 아닌가. 무섭기는 했지만 흰 종이에 싸서 그 학생과 같이 의료원으로 향했다. 몇 시간 봉합 수술을 해 보았지만 때는 늦었다. 좀 더 빨리 왔어야 했다. 몸에서 어느 지체를 떼어 내면 무서운 것으로 변한다. 이미 죽은 것이다.

지체는 변함없이 몸에 붙어 있어야 한다. 하나 되어야 아름답다.

세상에 지역 교회는 많다. 그러나 보이지 않는 교회는 하나뿐이다. 머리 되신 예수님이 그렇다. 머리 되신 주님의 명령에 따라 움직이는 몸이라야 건강한 몸이다. 병든 몸은 머리의 통제에 따르지 못한다. 제 맘대로 움직인다. 어느 누가 교회에서 머리의 역할을 하려고 권위를 세우고 짓누르면 하늘 아버지가 서실 곳이 없다. 하늘 아버지 한 분의 통제를 따라 움직이면 된다. 우리 몸 중에 어느 지체가 잘났다면 다 기뻐해야 할 일 아닌가. 한 몸 안에서 일어나는 일인데 어느 지체가 우선시 되면 어떻고 좀 더 많은 이익을 보면 어떤가. 여러 지체 중 한 지체가 아프면 통증이 함께 느껴지지 않을까? 교회는 어떤 이유라도 서로 담을 쌓고 나뉘어질 수 없다. 분파작용이 일어나는 것은 몸을 던져서라도 막자. 누군가 막지 못하면 몸이 제 구실을 할 수 없게 된다. 목회자나 장로 사이는 매우 가깝고 좋은 사이다. 이 틈새를 누가 자꾸 벌려 놓는가. 사탄의 전략이다. 사탄의 꾐에 속지 말자. 성도와 성도, 성도와 목회자, 목회자와 목회자가 얼마나 가까운 사이인가. 얼마나 두고 보기에도 아까운 존재인가. 영원히 천국에서 함께 살아야 할 가족이다. 영원한 가족은 이 땅에서부터 함께 하는 훈련을 해야 한다. 서로의 틈새를 메워주고 약점을 채워가면서 하나 된 기쁨을 누려보자. 이것이 하나님이 보고자 하시는 모습이다. 예수님도 '하나 되게 해 달라'고 마지막까지 기도하셨다. 예수님의 한 맺힌 기도를 들었다면, 꼭 하나 되어 하나님 나라를 위하여 함께 손을 잡자. 서로 세워주고 안아주고 채워가면서 혹 형제가 때리면 맞고, 욕하면 먹자. 손해를 끼쳤으면 손해를 보자. 어떤 희생의 대가를 지불할지라도 하나 되는 것은 잊지 말자.

연합의 통로는 삼위일체 하나님께 있다

남북으로 나눠진 유대와 이스라엘이 하나님의 손 안에서 하나가 될 것이라고 말씀하셨다. 하나님이 들어 쓰시는 선지자의 손 안에서 하나가 된다고 막대기까지 취하여 시청각적으로 보여 주시며 말씀하셨다. 도무지 하나 될 수 없는 남쪽과 북쪽, 유대와 이스라엘, 남한과 북한이 하나님의 손 안에서 하나가 되는 가능성은 열려 있다. 하나님은 불가능한 일을 가능케 하시는 분이시다. 하나님의 사랑의 손길이 닿는 곳마다 연합하고 하나 되는 기적이 일어난다. 혹 서로가 나뉘어져 있다면 하나님의 손길이 각자에게 머무르게 하라. 남편과 아내가 하나 되는 것도 하나님의 손안에 있다. 남편과 아내 그리고 하나님이 같이 만나야 둘이 한 몸이 된다. 다른 방법으로는 하나가 될 수 없다. 끝까지 서로 남남이다. 남남으로 살던 남편과 아내가 하나님의 손안에서 하나가 된다. 참으로 신비한 일이다. 저들은 서로 알지 못했던 사이다. 전혀 다른 공간 속에서 다른 문화 속에서 살았다. 그러나 하나님의 손 안에 들어가면 신비로운 연합이 일어난다. 하나님의 손은 악손이다.

"긍휼이 풍성하신 하나님이 우리를 사랑하신 그 큰 사랑을 인하여 허물로 죽은 우리를 그리스도와 함께 살리셨고 (너희는 은혜로 구원을 받은 것이라) 또 함께 일으키사 그리스도 예수 안에서 함께 하늘에 앉히시니"(엡 2:4-6)

하나님의 손은 하나 되게 하시는 능력의 손이다. 내 모든 것을 내려놓고 하나님의 손 안에 들어가자. 그의 품에 안겨보자. 그러면 교회의 갈등이 치유되고 하나 된 힘으로 이 민족을 새롭게 이끌어가는 큰 영향을 미칠 것이다. 그리스도의 십자가 보혈이 우리를 하나 되게 한다. 가족이나 형제의 가장 확실한 증거는 같은 피가 흐르는 것이다. 예수 그리스도를 믿을 때, 그 피는 믿는 자들에게 수혈된다. 그 피가 수혈되는 우리는 그의 가족이다. 그의 가족으로서 영원한 생명을 이어받게 되는 것이다. 우리의 한 몸 되는 연합을 위하여, 그는 자신의 몸이 십자가 위에서 갈기갈기 찢기는 고초를 당하셨다. 몸이 찢겨 가며 선혈의 피를 흘려주셨다.

"이제는 전에 멀리 있던 너희가 그리스도 예수 안에서 그리스도의 피로 가까워졌느니라"(엡 2:13)

"또 십자가로 이 둘을 한 몸으로 하나님과 화목하게 하려 하심이라 원수 된 것을 십자가로 소멸하시고"(엡 2:16)

예수 그리스도의 보혈을 받아들였는가. 그 분의 살을 먹고 피를 마신 사람인가. 그렇다면 연합해야 한다. 하나 되어야 한다. 특별히 한국교회는 하나 되어 서로 손에 손을 잡고 원수 마귀와 싸워야 한다. 연합하면 그 누가 기독교를 폄하하고 건드릴 수 있는가? 연합이 깨진 틈새를 마귀가 노리고 비집고 들어와서 흔들어 대고 있는지 않은가.

성령이 오순절날 마가의 다락방에 임하실 때도 하나 되는 기적이 일어났다. 천하 각국에서 온 사람들이 예루살렘에 머물렀는데, 서로 소통하기 시작했다. 바대인, 메대인, 엘람인, 메소보다미아, 유대와 갑바도기아, 본도와 아시아, 브루기아와 밤빌리아, 애굽과 및 구레네에 가까운 리비야 여러 지방에 사는 사람들과 로마로부터 온 나그네 곧 유대인과 유대교에 들어온 사람들과 그레데인과 아라비아인들이 각자의 언어로 제자들이 말하는 것을 알아들을 수 있었다.(행 2:9-11) 연합과 일치가 이루어진 것이다. 자기들도 신기해서 놀라고 있을 뿐이다. 성부·성자·성령 삼위일체 하나님이 서로 다른 사람들을 하나의 통로로 이끌어 가신다. 참으로 신비한 일이 하나님 손 안에서 이루어지고 있다. 방법은 하나뿐, 우리 모두가 각자의 꿈과 고집을 접고 삼위일체 하나님께로 나아가야 한다.

연합하는 자에게 복이 있다

연합하는 자에게는 신령한 복이 흘러넘친다. 성령의 기름이 흘러넘쳐서 말씀만 하셔도 믿어진다. 성령의 능력으로 충만하면 많은 사람들에게 유익이 되고 좋은 영향력을 끼친다. 시편 133장 1-3절에 선포된 내용을 보라.

"보라 형제가 연합하여 동거함이 어찌 그리 선하고 아름다운고 머리에 있는 보배로운 기름이 수염 곧 아론의 수염에 흘러서 그의 옷깃까지 내림 같고 헐몬의 이슬이 시온의 산들에 내림 같도다 거기서 여호와께서 복을 명하셨나니 곧 영생이로다"(시 133:1-3)

하나님 보시기에 아름다운 모습은 그리스도 안에서의 연합이다. 사랑으로 연합되어 하나 되는 곳에는 하늘의 보고가 열리고, 말씀이 믿어지는 역사가 일어난다. 성령의 은사와 열매들이 맺어진다. 그리고 이 땅에 하나님의 복이 임하여 기름진 복이 넘쳐서 많은 이들에게 큰 영향을 끼치게 된다.

헐몬산에는 찬 공기와 더운 공기가 만나면서 만들어낸 엄청난 이슬방울이 물로 저장되어 있다. 산 밑에는 큰 공간이 열려 있어 그 곳에 물을 가득 채우고 있다. 가뭄 때도 한 여름에도 계속하여 물이 흘러넘친다. 물이 흘러가는 곳마다 생명의 소리를 듣게 된다. 나무가 무럭무럭 자라서 큰 그늘을 이룬다. 각종 꽃이 피어나고 새들이 와서 지저귄다. 나무 그늘 아래 흘러가는 물길에 발을 담그기 위해 사람들이 모여든다. 사람들이 모여 시원한 물에 담근 수박을 쪼개어 먹으면서 기뻐한다. 물길이 흐르는 곳마다 많은 땅과 산과 들이 살아난다. 사막 한가운데서도 숲을 만들어 내고 꽃을 피운다. 사랑으로 연합하여 하나를 이루는 모습은 헐몬산의 아름다움과 같을 것이다.

연합한 자들이 가는 곳마다 잘 되는 복이 임한다. 연합된 곳에 있어야 안전하다. 연합하여 무리를 지어 있으면 맹수들도 덤비지 못한다. 홀로 멀리 떨어져 있으면 결국 맹수의 먹잇감이 되고 만다. 나 홀로 신앙은 위험하다. 독불장군식 믿음은 적들의 집중 공격의 대상이다. 서로 연합하여 하나 될 때, 어떤 적이 감당할 수 있겠나. 우리 민족이 하나 되면 강대국 틈바구니에 있을지라도 겁날 것이 없다. 연합된 나라를 외세도 넘볼 수 없다. 언제나 큰 적은 내부에 있다. 내부에 이간하는 자가 있어 서로 간에 틈을 만든다. 틈을 넓게 벌려 놓고 그 사이를 집중 공격하는 것이다. 나라가 연합하고 교회가 연합하여 하나님께 예배하고 기도하면 공중의 권세 잡은 자, 악한 영들이 떠나고 만다.

영생을 얻은 증거도 연합에 있다. 하나 됨에 있다. 예수 그리스도 안에서 하나 됨이 은혜요, 복이다. 영생의 복이 그곳에 있다. 이보다 더 좋을 수 없는 복이다. 예수님과 함께 영원히 사는 생명의 복이다. 하나님은 우리를 하나 된 공동체로 부르셨다. 공동체를 떠나서 홀로 살 수 없다.

연합하기 위한 우리의 자세

우리는 상대의 약점을 들춰내지 말고 보완하고 허물을 덮어주는 자세를 취해야 한다. 알고 보면 우리는 너나 할 것 없이 약점 투성이다. 약점이 발견되면 들춰내지 말고 보완해 주고 덮어 주어야 하나가 된다. 서로 공개하고 손가락질 하면 끝도 없다. 끝없이 싸워야 한다. 끝없는 싸움에 승자는 없다. 서로 패자의 길을 걷게 될 뿐이다. 겐그리아 교회의 일꾼인 뵈뵈 집사는 연합하는 사람이었다.

"너희는 주 안에서 성도들의 합당한 예절로 그를 영접하고 무엇이든지 그에게 소용되는 바를 도와 줄지니 이는 그가 여러 사람과 나의 보호자가 되었음이라"(롬 16:2)

브리스길라와 아굴라도 바울과 그런 관계였다.

"그들은 내 목숨을 위하여 자기들의 목까지도 내놓았나니 나뿐 아니라 이방인의 모든 교회도 그들에게 감사하느니라"(롬 16:4)

서로 허물과 약점을 덮어주면 하나가 된다. 덮지 못할 것이 무엇이랴. 자기 몸의 일부인데 몸의 치부가 드러나지 않도록 덮어주는 것이 몸을 사랑하는 것이다. 서로 연합하려면 겸손한 마음으로 서로 섬기며 수고하는 자세가 필요하다.

"마음을 같이 하여 같은 사랑을 가지고 뜻을 합하여 한마음을 품어 아무 일에든지 다툼이나 허영으로 하지 말고 오직 겸손한 마음으로 각각 자기보다 남을 낫게 여기고 각각 자기 일을 돌볼뿐더러 또한 각각 다른 사람들의 일을 돌보아 나의 기쁨을 충만하게 하라"(빌 2:2-4)

겸손한 마음을 품고 서로 섬기면 분명 하나가 된다. 자기보다 남을 낮게 여기는 마음, 자기 일뿐만 아니라 다른 사람의 일까지 돌아보는 마음이 서로를 연합하게 한다. 몸의 지체로서 이해하고 함께 기뻐하며 아파하는 자세가 서로를 연합하게 한다. 성도는 몸의 지체이다. 몸의 지체로서 어떤 지체가 영광을 받아도 같이 기쁘고 영광스럽다. 지체 중에 지극히 작은 부분이라도 아플 때에 같이 아픔을 느낀다. 기쁨과 아픔을 같이 하는 자세가 중요하다. 같이 기뻐하면 기쁨이 배가 되고 같이 아파하면 아픔이 반으로 줄어든다. 서로의 유익을 구하는 자세가 우리를 하나 되게 한다. 우정이 계속 되려면 어떻게 내 친구를 도울지 생각하면 된다. 결혼 생활을 끝까지 행복하게 하려면 어떻게 내 남편 내 아내를 도울지 생각하면 된다. 그래서 부부를 '돕는 배필'이라 하였다.

"모든 것이 가하나 모든 것이 유익한 것이 아니요 모든 것이 가하나 모든 것이 덕을 세우는 것이 아니니 누구든지 자기의 유익을 구하지 말고 남의 유익을 구하라"(고전 10:23-24)

남의 유익을 구하는 자세를 취하는 사람과는 사이가 벌어질 이유가 없다. 남의 유익을 고려하여 모인 교회 공동체가 되어 보라. 얼마나 힘이 넘치고 생동감이 넘치는 곳이 될까. 우리의 연합하는 자세는 품위와 질서를 지킴으로 가능하다.

"모든 것을 품위 있게 하고 질서 있게 하라"(고전 14:40)

서로 품위를 지키고 질서 있게 하면 회의장이 싸움터가 된다거나, 사역의 현장에서 불쾌감이 생길 일이 없다. 문제는 품위 없이 행동하고 질서를 잘 지키지 않는 것이다. 조금씩 더 신경쓰면 회의를 마치고 나오는 사람들의 모습이 훨씬 더 아름다울 것이다.

또한 우리가 연합하려면 큰마음을 품고 예수님의 심장으로 사랑하면 된다.

"내가 예수 그리스도의 심장으로 너희 무리를 얼마나 사모하는지 하나님이 내 증인이시니라"(빌 1:8)

우리의 가슴 속에 예수님의 심장이 이식되어야 원수까지도 끌어안고 하나 되는 민족, 하나 되는 교회가 된다. 천만 성도가 예수 그리스도 이름으로 하나 된다면 세상에는 얼마나 놀라운 일들이 일어날까. 오직 하나님의 영광만 드러낼 때 하나가 된다. 자기의 기득권을 내려놓고 하나님의 영광에 집중하면 저절로 하나가 된다.

"그런즉 너희가 먹든지 마시든지 무엇을 하든지 다 하나님의 영광을 위하여 하라"(고전 10:31)

한국 교회는 반드시 하나 되어야 한다. 하나 되기 위해서는 모든 기득권을 내려놓고 자기의 이해득실을 따지지 말고 하나님의 영광만 드러내면 된다. 하나님의 영광은 우리 모두가 연합되고 하나 될 때 드러나게 된다. 교회와 교회, 교단과 교단을 하나로 묶는 기구가 필요하다. 하지만 나뉘면 나뉠수록 있으나 마나 한 기관으로 전락하고 만다. 연합하면 역사의 물줄기를 새롭게 돌릴 수 있다. 세상 모든 종교와 경제권도 여러 가지 이유로 연합 전선을 구축하고 있는데 교회는 언제까지 뿔뿔이 흩어져 각개 전투를 하고 있을 것인가.

17
이 한순간을 위하여

　아프리카 짐바브웨 잠베지강(Zambezi river)에서 선셋크루즈를 하면서 보았던 황혼의 아름다움은 지금도 잊지 못하는 추억이다. 비행기를 타고 55시간, 자동차 55시간, 걸어서 20시간은 아프리카 선교지를 가기 위해 걸린 시간이다. 돈도 수백만 원이 넘게 들었다. 카메룬과 케냐 선교지를 방문하고, 단기 선교로 카메룬 동부 밀림지역도 돌아보았다. 피그미족들의 일상에서 보이는 단순하고 순수하며 자연 그대로인 모습이 좋았다. 마사이족, 줄루족 등 수많은 사람들이 각 나라에서 마을을 이루고 산다. 저들의 모습이 정겹게 느껴졌지만 환경은 매우 열악하여 힘든 날을 보냈다. 잠자리와 먹을 것이 만만하지 않았다. 파인애플 잎사귀로 덮은 지붕 밑에서 풀을 깔고 자기도 했다. 이곳이 피그미족의 호텔이다. 저들이 손님이 온다고 집 한 채를 지은 것이다. 먹을 것은 산 속에서 잡은 짐승뿐이다. 원숭이, 들쥐고기 등 살아 있는 동물은 다 식량이 된다. 힘든 여정을 지내다가 짐바브웨와 잠비아에 걸쳐 있는 빅토리아 폭포를 지나 잠베지강에 이르렀다. 그 곳에서 배를 타고 강을 유람하던 중 큰 바람이 몰아쳤다. 먹구름이 밀려오더니 배 위에 있던 컵과 물건들이 날아갈 정도로 바람이 불었다. 비도 내렸다. 얼마 후에 바람이 멈추고 하늘은 다시 맑아졌다. 그 때 황혼에 붉게 물든 저녁노을이 아프리카의 정취와 어우러져 얼마나 아름답던지, 나도 모르게 "이 한순간을 위하여!"라는 탄성이 나왔다. 떠오르는 태양의 찬란함과 중천에 떠 있는 태양도 아름답지만, 저녁 하늘의 구름까지 붉게 물들이는 황혼의 태양은 더욱 아름다웠다.

그 이후로 '황혼은 더욱 아름다워라'라는 제목으로 원로장로님들의 모임에서 설교한 적이 있는데 얼굴들의 표정이 들어오실 때와 나가실 때가 달랐다. 화살이 과녁을 향하여 날아가듯이 우리 인생도 정점을 향하여 가고 있다. 그 정점이 최고의 순간이 되도록 해야 한다. 그러기에 웰빙(well being)보다 더 중요한 것이 웰다잉(well dying)이다. 황혼 저편의 한 순간을 위하여 모진 세월 고생하며 힘든 여정을 걸어온 것이다.

최후의 승리를 위해

릴레이 경기나 마라톤 경기에서는 마지막에 승리하는 자가 진정한 승리자가 된다. 중간 중간 이긴 것으로는 별 소용이 없다. 1등으로 달리던 주자가 바통 터치를 잘못하여 꼴등으로 밀려나는 경우도 있고, 결승점을 눈앞에 남겨 두고 쓰러져서 우승을 놓치는 선수가 있는가 하면, 후발 주자로 뒤쳐져 있다가 후반부에 스피드를 내어 우승하는 선수도 있다. 마지막 결승 테이프를 끊기까지는 마음을 놓을 수 없다. 끝까지 가봐야 안다. 완주해야 한다. 모든 경기가 다 그렇다. 최후의 승리자가 크게 웃는다.

우리 인생도 마찬가지다. 지금 우리는 최후의 승리를 위해 달려가는 인생을 살고 있다. 진정한 승리는 인생의 마지막에 결정된다. 사도 바울은 이 승리를 경험했다.

> "전제와 같이 내가 벌써 부어지고 나의 떠날 시각이 가까웠도다 나는 선한 싸움을 싸우고 나의 달려갈 길을 마치고 믿음을 지켰으니"(딤후 4:6-7)

예수님은 이 땅에 인간을 구원하기 위해 오셨다. 그 목적을 달성하기 위해 모든 고난과 아픔을 참으셨다. 가난한 어린 시절을 보내시면서 견디셨다. 모욕을 받으면서도 끝까지 견디셨다. 십자가 위에 매달아도 피하지 않으셨다. 자기의 생명이 사라질 지경에도 끝까지 사명을 위해 사셨다.

결국은 십자가 위에서 '다 이루었다'고 선포하셨다. 모든 빚을 다 청산하고, 이 땅에 온 목적을 이루었다는 선포였다.

예수님이 이 땅에 오신 목적은 무엇인가? 인류구원이다. 나를 구원하시는 일이다. 이 영광스러운 일을 위하여 모든 고난을 견디신 것이다. 예수님은 최후의 승리자이시다.

하늘 문이 열리는 장엄한 순간

어머님께서는 일본에 사는 딸의 집과 미국에 사는 딸의 집에 육 개월 정도 다녀오신 후 중풍에 걸리셨다. 우리 집에서도 몇 달을 지내셨다. 마지막에 효도할 기회를 얻었으나 역부족이었다. 사실 중풍에 걸린 어머님을 모시는 일은 힘든 일이었다. 쓰러지신 후에는 더욱 힘들었다. 결국 병원에 입원하게 되셨고, 두 달 정도 병석에 누워 계시다가 세상을 떠나셨다. 딸들이 슬퍼 울려는 순간이었다. 나 자신도 모르는 사이에 외쳤다.

"하늘 문이 열리는 이 장엄한 순간, 울지 마라! 어머님이 하늘나라에 입성하신다!"

순간 분위기가 바뀌기 시작했다. 장례 기간 내내 환한 분위기가 되었다. 실제로 그 외침은 나의 강한 느낌으로 인한 신앙 고백이었다.

어머님은 예수님을 믿은 후부터는 한결같이 기도로 사셨다. 밤낮 부르짖는 기도로 육 남매를 키우셨다. 이곳저곳 뿔뿔이 흩어져서도,

어머니의 기도로 우리는 세워졌다. 네 명이 목회를 하고 있고, 두 명이 평신도 직분자로 섬기고 있다. 서울에서는 장남인 내가, 일본 나리타에서는 장녀인 나의 바로 다음 동생이 남편과 함께 목회자의 가정을 이루었다. 남편을 전도하여 교회에 다니게 하고, 애지중지하던 딸을 잃으면서는 하나님의 부르심을 받아 목회자로 헌신하고 있다. 둘째 여동생은 청주에서 전도사로, 막내 여동생은 미국 워싱턴에서 남편 목사와 함께 목회를 하고 있다. 셋째 여동생과 남동생도 평신도 직분자로서 섬기는 가정이 된 것은 어머니의 기도 덕분이다. 분명 예수 그리스도를 구주와 주님으로 영접하고 평생 기도로 사신 권사님이시다. 하늘 문이 열리고 어머니께서 입성하시는 모습이 어렴풋이 보이고 느껴졌다. 이 보다 더 기쁜 날이 어디 있을까. 분명 하늘 문이 열리는 순간이다. 믿는 자의 죽음은 이와 같다. 영과 육이 분리되면서 영이 육체에서 빠져 나가는 것을 죽음이라 한다. 영이 육체에서 빠져 나가면서 하늘 문이 열리고 우리는 주님의 품에 안긴다. 주님은 품에 안긴 우리의 모든 눈물을 닦아 주시고 위로해 주신다. 얼마나 포근하고 행복할까? 모든 수고와 고통이 다 끝나는 것이다. 더는 죄도 따라 올 수 없다. 영화로운 단계에 들어가는 것이다.

물과 성령으로 거듭남을 경험하면서 구원을 얻게 된다. 구원을 얻은 성도는 이 땅에서 구원을 성취하며 산다. 현재의 수많은 유혹과 도전을 예수 이름으로 극복하며 이겨낸다. 끝까지 믿음을 지키며 하나님의 영으로 충만하게 산다. 결국 구원이 완성되는 순간은 육체의 장막을 벗어 버릴 때이다. 이 순간이 얼마나 장엄하고 아름다운가! 이 한 순간을 위하여 오늘을 거룩하고 성실하게 사는 것이다.

부활이 찡하게 느껴지던 날

초등학교 2학년이었던 남동생이 교통사고로 세상을 떠났을 때, 까만 공간에 하얀 절망을 느꼈다. 식음을 전폐하고 사흘 동안 깊은 한숨과 절망에 사로잡혀 여기저기 뛰어 다니며 슬피 울었다. 도무지 인생의 죽음에 해답이 보이지 않았다. 이제는 날짜가 아무리 바뀌어도 더는 동생의 모습을 볼 수 없다. 그렇게 사랑하고 아끼던 동생인데, 목숨이 끊어지니 어찌할 수 없는 인생이다. 어린 자식이라고 부모도 알 수 없는 곳에서 동네 사람이 장례를 치렀다.

그러다 사흘이 지난 후 갑자기 부활의 능력과 권세가 내 마음 속에 찡하게 스쳐갔다. 부활이 느껴지고 믿어지면서 슬픔과 절망의 권세가 나와 주변을 떠나기 시작했다. 사랑하는 동생은 먼저 갔지만 '부활'의 영광으로 일어나리라. 하나님 나라에 일찍 필요해서 먼저 불려간 것이 느껴졌다. 먼저 하늘나라로 옮겨졌지만 다시 부활할 그 날에 대한 소망이 분명해지니 알 수 없는 기쁨이 가슴 속에 생겨나기 시작한다. 그 기쁨이 슬픔과 절망을 몰아내고 햇빛과 같은 따사로움이 내 마음을 채웠다.

나의 자녀들이 아주 어릴 때 아버지의 장례식을 마치고 내려오는데, "할아버지 심었어?"하고 내게 물었다. 처음에는 '무슨 이런 말이 있나?하고 생각하다가 어린 아이의 입을 통하여 진리를 깨닫게 되었다. 그리고 대답했다. "맞아, 할아버지 심은 거야." 다시 영광의 몸으로 일어날 것이니까. 진정 믿는 자에게 가장 큰 영광은 우리 주 예수 그리스도가 강림하실 때 주님의 부활하신 모습과 동일하게 부활에 참여하게 되는 것이다. 그 날을 생각하면 가슴이 벅차올라 견딜 수 없다.

온 세상이 연주하는 부활의 전주곡

지금 온 세상은 부활의 전주곡을 대규모의 교향곡처럼 연주하고 있다. 그 소리를 들어보라. 나무들이 소리친다. 나비와 잠자리가 날면서 노래하고 있다. 매미의 소리를 들어보라. 모두가 '부활의 찬가'를 부르고 있지 않은가. 부활의 찬가에 맞춰 들려오는 헨델의 '메시야'를 들어 보라. '할렐루야 할렐루야' 부활의 노래가 온 땅 가득하게 울려 퍼지고 있다. 부활의 노래를 듣는 자마다 새로운 희망이 솟구치고 새로운 세계가 그려지고 있다.

돌아갈 내 고향 하늘나라

사람은 영원 전에 하나님 품속에 있다가 어머니 뱃속에서 10개월 정도 산다. 10개월 정도를 살면 더 이상 그 곳에 머무를 수 없다. 어머니 뱃속에서 빠져 나와야 한다. 어머니 뱃속에서 빠져 나오면 이 세상에 태어난이다. 이 세상은 3차원의 제한된 시공간이다. 3차원의 제한된 시공간에서 70~80년, 길면 100~120년을 산다. 그러면 더는 이 세상에서 버티기 힘들다. 장막과 같이 육으로 만들어진 육체는 나를 품어 주는데 한계가 있다. 육체의 장막 집은 무너지게 되어 있다. 육체의 장막집이 무너지면 하나님이 손수 지으신 새 집으로 이사하게 된다. 하나님이 지으신 하늘나라, 새 집에 들어갈 자 누구인가? 이 땅에 사는 동안 예수님을 자기 인생의 주인과 구주로 영접한 사람들, 곧 성도들이다.

성도들이 들어갈 하나님 나라는 어떤 곳인가? 과학적 비유를 들자면, 4차원의 세계를 생각할 수 있다. 3차원의 세계에 사는 우리는 4차원의 세계를 이해하기가 어렵다. 3차원의 세계는 시공간에 제한을 받지만, 4차원의 세계는 시공간에 제한 받지 않는 새로운 차원의 세계이다. 영과 부활체는 3차원의 세계를 뛰어 넘는다. 이 땅에서는 제한된 공간과 제한된 시간에 매여 살지만, 하늘나라는 이런 차원을 훨씬 뛰어 넘는 곳이다.

인공위성에서 지구를 보면 전체가 한 눈에 들어온다. 좀 더 높이 올라가면 낮과 밤도 없다. 낮과 밤이 생기는 것은 지구의 자전 때문이고, 계절의 변화가 오는 것은 지구의 공전 때문이다. 우주 한가운데서는 시간의 흐름을 느낄 수 없다. 하나님의 나라는 영원히 현재만 있을 뿐이다. 참으로 신비하고 놀랍다. 헬라적 시간 흐름이 아니라 히브리적 시간 개념, 영원한 현재가 지배하는 곳이다. 하늘나라는 주님이 영원히 함께 하는 곳이다. 막연하고 어렴풋이 느끼는 것이 아니라 구체적으로 확연하게 보여 지는 곳이다. 그때는 주님을 마주하고 뵐 것이다. 주님이 함께 하시는 곳, 모든 죄의 유혹과 인간의 불행과 어두움이 사라진 나라이다. 더는 세상에서 맛본 죽음과 이별은 없다. 눈물과 아픔도 없다. 이 보다 더 좋을 수 없는 나라이다. 예수님이 지난 2,000년 동안 준비하고 또 준비한 나라이다. 예수님은 분명 승천하시면서 말씀하셨다.

> "내가 너희를 위하여 거처를 예비하러 가노니 가서 너희를 위하여 거처를 예비하면 내가 다시 와서 너희를 내게로 영접하여 나 있는 곳에 너희도 있게 하리라"(요 14:2-3)

말씀 한 마디로 천지를 창조하신 하나님이 2,000년 동안 만드신 그 나라는 얼마나 더 크고 아름다울까? 생각만 해도 황홀하고 벅차오르지 않는가. 예수님이 직접 만들고 가꾸신 나라로 우리를 옮겨 가는 것, 이 한 순간을 위하여 오늘도 우리는 주께서 가신 길을 기꺼이 간다. 이곳의 아름다움은 세상의 온갖 보석으로 장식한 것보다 더 해서 이 땅의 언어로는 표현이 안 된다. 사도 요한이 보고 왔다. 사도 바울도 본 나라다. 많은 믿음의 선진들도 보았지만 사실은 1만 분의 1로도 다 표현을 할 수 없는 나라다. 이 땅에서 보지 못한 것을 어떻게 이해시킬 수 있으랴. 그곳은 생명수가 흐르는 시내가 있고 그 시내 양 옆에는 생명나무 과일이 주렁주렁 맺혀있다. 그 잎사귀는 만민을 소생케 하는 약재료이다. 천국에서는 잎사귀만 먹어도 새 힘이 솟는다. 생명나무 과실을 먹으면서 영원을 행복하게 산다. 참으로 놀라운 신비가 가득한 나라에 앞서간 성도들이 살고 또한 우리도 그 나라에 곧 입성하게 된다. 저 천국에는 천사들의 찬양과 많은 성도들이 부르는 장엄한 찬양이 있다. 악보와 가사가 필요 없다. 저절로 곡조를 알고 가사를 기억하여 부르게 되어 있다. 그 찬양의 황홀함이 온 우주를 압도한다. 이 보다 더 좋을 수 없는 하나님 나라가 우리가 가야 할 곳이다. 우리가 영원히 살아야할 복된 나라이다. 우리는 이 복된 나라를 놓칠 수 없다. 이 현세적 삶도 포기할 수 없다. 한 번뿐인 인생이다. 이 인생길 가는 동안 주님을 만나고 믿는 것이 최고의 행운이다. 이 행운이 더 많은 사람들에게 퍼져 나가기를 간절히 소망한다.

에필로그
epilogue

저들에게 내려가서 발견하다

"한태수! 한태수!"

골목에서 동네 꼬마아이들이 나를 부르는 소리다. 특히 교회 앞의 붕어빵 파는 포장마차를 지날 때 자주 듣는다. 그 애살맞은 소리에 나는 반갑게 손을 흔들고 함께 손바닥을 펼쳐 하이파이브를 한다. 그리고는 "붕어빵 먹자"라고 하면서 같이 뛰어간다.

때론 "아이들이 무례한 것 아닌가요?", "담임목사님의 권위가 실추되는 것 아닌가요?"라고 걱정스레 묻는 이들도 있다.

그러나 나는 다르게 생각한다. 나 자신의 모든 것을 내려놓고, 그들과 어울리기 위해 그들이 있는 자리까지 내려갈 줄 알아야 제자로 가는 첫 걸음마를 떼는 것이다. 교회 안의 성도들뿐 아니라, 세상의 남녀노소 할 것 없이 모든 사람과 한데 어울려 지내야 한다. 이는 '낮아짐'으로 가능해진다.

'모든 이를 얻기 위해' 밑바닥까지 내려간다

낮아짐이 왜 필요할까? 한마디로, "모든 이를 얻기 위함"(고전 9:20)이다. 교회의 모든 흐름이 교회중심적으로 돌아가면, 영혼을 변화시키기는커녕 그들에게 다가설 수도 없게 된다. '부흥의 불'을 외쳐봤자, 공허한 메아리일 뿐이다.

그렇기 때문에 먼저 모든 사람과 잘 어울릴 줄 아는 법부터 익혀야 한다. 목사인 나도 목사티가 나면 안 된다고 항상 다짐하고 있다. 모든 사람들을 위하여 주저 없이 밑바닥으로 내려가는 삶이 몸에 배어 있어야 한다. 술 먹는 사람을 위해서는 술 먹는 자리까지 나아가야 한다. 물론 술을 먹기 위해서가 아니라 그들을 구원하기 위해서다. 실제로 그들과 함께 두어 시간을 있었더니, 목사가 자기와 함께 해 준 것이 고마워서 교회에 나왔는데 마침 말씀이 들어가 변화된 경우도 있었다. 현재 그렇게 전도 받은 그들이 목사인 나보다도 훨씬 전도를 더 잘하고 있는 것을 보면 나의 목회관이 틀리지 않은 것 같다.

항상 이렇게 생각한다. 강대상을 제외하고는 모든 사람과 동등한 위치에 서고 싶다. 믿음이 없는 세상 사람들과 더불어 그들의 일상 이야기를 들어주고, 시간이 되는대로 식사도 같이 하고, 같이 낚시나

등산도 하면서 최대한 그들과 함께 나누는 삶을 즐기고 싶다.

물론 이런 삶이 범상치는 않기에, 약간의 오해가 생겨도 웃음으로 넘길 줄 아는 여유가 필요하고, 각오(?)도 되있어야 한다. 한번은 이런 일이 있었다. 불신자들과 함께 술자리에 있다가 나오는 것을 누가 본 모양이었다. 이것이 오해를 불러 일으켜서 내가 마치 술을 먹고 나온 것처럼 이야기가 와전되었다. 물론 나중에 그곳에 있었던 사람들을 통해 오해가 풀리기는 했다. 이처럼 모든 사람과 더불어 그들이 있는 자리까지 내려가고자 했던 마음이 제대로 전달되지 못했던 경우에는 남모르는 나 자신과의 싸움이 필요했다.

목회자가 되어 세상 사람의 삶으로 내려가서 그들과 어울려 산다는 것이 말처럼 쉬운 일일까? 물론 제자훈련을 시도하려는 목회자가 기본적으로 가져야 할 마음이라고 생각하지만, 마음만큼 그렇게 쉬운 일은 아니다.

그러나 주님이 하신 일이기에 우리는 당연히 따라야 한다고 본다. 예수님도 저 높은 자리에서 이 땅으로 오시지 않았는가. 성육신(incarnation)하신 것이다. 제자로 살기를 다짐하는 목회자, 성도들이 제자로 살도록 이끄는 목회자가 자신의 권위를 다 찾고 편한 것을 다 누리려 한다면 그것은 주님이 원하시는 삶이 아니라고 본다. 나는 가장 먼저 자신의 모든 것을 하나님 앞에 내려놓듯 사람들 앞에 내려놓고, 그들의 삶으로 내려갈 마음이 없다면, 성도들을 제자로 세우는 사역은 절대 성공할 수 없다고 확신한다.

주님의 내려오심을 경험함으로써, 나도 내려간다

'내려감'의 삶을 위해서는 먼저 자신이 철저하게 성령과 말씀으로 거듭나야 한다. 그리스도의 제자가 그리스도의 제자를 만드는 것이다. 간단한 이야기 같지만, 중요한 이야기다. 예수 그리스도를 정말 구주로 고백하고, 그 분의 사랑으로 인하여 철저히 자신이 거듭나야 사람에 대한 거부반응이 없어지게 된다. 이것은 거듭나지 않고서는 불가능하다. 그리스도를 통해 인도자 자신이 먼저 철저히 깨어지지 않으면 절대로 제자를 만들어낼 수 없다.

나 또한 이러한 삶을 살게 된 것은 우연한 일이 아니다. 오직 말씀이 나를 변화시켰다. 고등학교 때 거듭남을 체험한 그 일주일의 은혜가 나를 완전히 바꾸어 놓았다. 절실한 회개와 죄 사함의 은혜를 극적으로 경험한 후부터, 나는 사람들을 대하는 태도가 달라졌다. 거듭나고 죄를 용서받게 되니까 사람들이 사랑스러워 보였다. 어린 아이부터 할머니 할아버지에 이르기까지 사람에 대한 마음이 간절하게 된 것이다. 지금도 마찬가지다.

내가 목회를 하고 있는 이유는 간단하다. 바로 사람이 좋아서다. 사람에게 관심을 갖고, 찾아오는 한 영혼 한 영혼이 얼마나 소중한가를 깨달을 수 있다면 하나님이 모든 교회와 교역자들, 성도들에게 틀

림없이 축복을 주신다고 생각한다. 사역의 크기, 교회의 크기는 절대로 사람 수에 있지 않다. 영혼에 대한 관심으로 측정되어야 한다. 한 영혼을 귀하게 보는 것이 큰 사역이고 영혼의 가치를 천하게 여기는 것은 작은 사역이다.

사람이 좋아서 목회를 시작하고, 영혼 자체에 관심을 갖다보니 자연스럽게 제자훈련을 시작하게 되었다. 사람을 사랑할 줄 아는 마음이 있으면 그 어떤 훈련이나 광야 혹은 사역 중에 부딪히는 난관도 너끈히 헤쳐 나가게 된다.

오랜 세월 목회를 하다 보니 반대에 부딪히는 일들을 경험하기도 했다. 매번 찾아와서 강하게 거부 의사를 표시하는가 하면, 근거도 없는 이상한 소문들이 돌고 돌아 내 귀에 들어 때도 있다. 그러나 그때조차도 회심 때 받은 은혜를 생각하며 그들을 사랑으로 품기로 마음먹었다. 그들은 자신들의 주장을 관철하는데 주력했지만 나는 그 문제보다 그들을 가슴에 품고 사랑하기에 최선을 다했다. 그랬더니 격렬하게 저항하고 반대하던 사람도 내 마음 속에서 그들을 사랑해야겠다고 마음을 가지는 순간 상황은 바뀌었다. 저들이 사랑스럽게 보이는 순간 모든 갈등은 끝이 나는 것이다.

결국 주님의 깊은 사랑이 나를 변화시킨다. 나 자신이 기꺼이 낮은 자로 서고 싶게 하신다. 그리고 저들에게 다가가서 사랑하게 하신다.

가슴에 품은 불을 꺼지지 않게 하라! 세상을 바꾸라!

증기기관차에 불이 없으면 기차가 움직이지 않는다. 비행기나 인공위성도 불이 있어야 하늘을 난다. 사람의 가슴 속에도 불이 타올라야 일을 하게 된다. 그래야 세상을 변화시킬 수 있다. 예수님의 제자들도 가슴에 성령의 불을 담기 전에는 나약한 사람에 불과했다. 예수님께 직접 훈련을 받았음에도 불구하고 번번이 실수하고 넘어졌다. 세속적 관심사를 떨쳐버릴 수 없었고 위기를 넘어서기에는 역부족이었다. '누가 더 높으냐, 누가 더 크냐?'가 늘 관심사였고 '자기중심적 사고방식'에 머물러 있었다. 자기 신앙에 주님을 따라 가는 것이 어려움이 될 것 같으면, 카멜레온처럼 자신의 존재를 숨기고 도망쳤다.

그러나 오순절 성령의 불을 경험하고는 전혀 다른 사람들이 되었다. 가슴속에 불을 품은 자답게 그 무엇도 그 누구도 두려워하지 않았다. 주님의 복음을 증거 하는 일을 마치려 함에는 생명까지도 아끼지 않았다. 죽음을 두려워하지 않는 불사조처럼 우뚝 섰다. 명예나 권력, 과거 업적 자랑 정도는 배설물처럼 여겼다. 오직 주님을 향한 뜨거운 사랑을 안고 이 나라 저 나라 흩어져서 복음을 전했다. 뜨거운 가슴으로 복음을 전하며 살다가 기꺼이 순교의 자리까지 내려간 저들이 세상을 뒤집어 놓았다. 복음이 들어간 땅과 저들이 순교의 피를 흘린 나라가 달라지기 시작했다. 순교의 피 위에 복음이 꽃피고 한 나라 전체가 기독교 국가로 선포되는 놀라운 일이 벌어졌다. 이 복음은 뜨거운 가슴으로 세계를 한 바퀴 돌아 우리나라에까지 왔다.

우리나라에 복음을 전해준 선교사들은 누구인가? 가슴이 복음에 불타는 주님의 제자들이다. 저들은 대한민국을 위해 자기들의 생명을 내놓았다. 청춘을 바쳤다. 저들이 이 땅에 뿌린 피가 얼마인가. 저들의 피가 이 땅에 강처럼 흐르고 있다. 어느 누가 이국땅에 조건 없이 자기의 생명을 내어 놓을 수 있을까? 가슴이 불타는 주님의 제자들뿐이다. 가슴이 불타는 주님의 제자가 아니고는 자신의 생명을 내놓을 수 없다. 자신의 생명을 내놓지 않고는 세상을 변화 시킬 수 없다.

지금 세상은 가슴이 불타는 주님의 제자들을 기다리고 있다. 성령이 충만한 제자가 필요한 시대이다. 복음으로 많은 복을 받아 누리고 있지만 많은 사람들의 가슴은 식어 있다. 꾸벅꾸벅 졸고 있다. 자명종의 소리가 귀찮아 끄고 또 잔다. 일어나기가 힘들고 피곤하다. 세상은 너무 바쁘고 피곤하게 한다. 새로운 일을 하고 싶지 않다. 그저 쉬고 싶을 뿐이다. 그리스도인들이 자고, 졸고 있는 동안 세상은 어두움의 영이 판을 치고 있다. 저들이 정치, 경제, 사회, 문화, 교육의 대부분을 장악하고 있다. 우리는 저들에 대항하여 싸울 힘을 잃고 비틀거리고 있다.

지금은 깨어날 때다! 가슴에 불을 담은 주님의 제자로 세워져야 할 때다. 이 시대에 필요한 창조적 소수가 가슴에 불을 담은 주님의 제자들이다.

가슴에 담긴 이 불이 꺼지지 않으려면, 내가 먼저 성령충만 해야 한다. 죄사함을 뜨겁게 경험해야 한다. 계속해서 첫사랑의 은혜를 기억하며 내 안의 불을 꺼뜨리지 않아야 한다. 그때야 비로소 사람이 보인다. 사람에 대한 하나님의 사명이 보인다. 사람을 사랑하게 되고 사람을 사랑하기에, 낮아지게 된다. 낮아져서라도 다가가고 싶어지는 것이다. 다가가서 그들을 사랑으로 끌어안는다. 그러면 성령이 임하시고, 주님의 제자가 세워진다. 그렇게 세상을 바꾸는 또 하나의 불꽃이 타오른다.

국제제자훈련원은 건강한 교회를 꿈꾸는 목회자의 동반자로서 제자 삼는 사역을 중심으로 성경적 목회 모델을 제시함으로 세계 교회를 섬기는 전문 사역 기관입니다.

구원 · 제자 · 사명

초판 1쇄 인쇄 2013년 2월 26일
초판 1쇄 발행 2013년 3월 05일

지은이 한태수
펴낸이 오정현
펴낸곳 도서출판 국제제자훈련원

기획책임 김명호
편집책임 옥성호
편집 권오철
디자인 참디자인
마케팅 김겸성 송상헌 박형은 오주영 김미정
등록 제22-1240호(1997년 12월 5일)
주소 (137-865) 서울시 서초구 서초 1동 1443-26
e-mail dmipress@sarang.org   홈페이지 www.discipleN.com
전화 (02)3489-4300   팩스 (02)3489-4329

ISBN 978-89-5731-607-8 (03230)

※ 책값은 뒤표지에 있습니다. 잘못된 책은 구입하신 곳에서 교환해 드립니다.